Aprenda a Amar a Si Mesmo

Sharon Wegscheider-Cruse

Aprenda a Amar a Si Mesmo

Em busca do amor-próprio

Tradução de ANITA MORAES

EDITORA CULTRIX
São Paulo

Título do original:
Learning to Love Yourself
Finding Your Self-worth

Publicado mediante acordo com Health Communications, Inc.
Deerfield Beach, FL. 33442-8124, U.S.A.

Edição	Ano
1-2-3-4-5-6-7-8-9	97-98-99-00

Direitos de tradução para o Brasil
adquiridos com exclusividade pela
EDITORA CULTRIX LTDA.
Rua Dr. Mário Vicente, 374 – 04270-000 – São Paulo, SP – Fone: 272-1399
E-mail: pensamento@snet.com.br
http://www.pensamento-cultrix.com.br
que se reserva a propriedade literária desta tradução.

Impresso em nossas oficinas gráficas.

Dedicatória

Este livro é dedicado:

A mim mesma e à coragem que tive para reivindicar a minha liberdade...

A meus filhos – Patrick, Sandra e Deborah, que me apoiaram e me amaram nos anos mais difíceis de minha vida...

A Joe Cruse – Seu estímulo, amor e apoio aumentam e realçam o meu amor-próprio a cada dia.

Um Obrigado Especial a

Mark Worden (Editor)

Meus pensamentos e idéias se ampliaram por meio da capacidade criativa de seus talentos. Além disso, é uma alegria trabalhar com você. Meu amor-próprio aumentou com a sua cooperação.

Kathleen Johnson

Suas idéias quanto aos desenhos dão vida ao texto. As figuras tornam claro o que as palavras muitas vezes deixam de comunicar.

À Equipe da Health Communications, Inc.

De vez em quando, uma relação profissional se torna tão importante que todos os envolvidos se transformam. Eis como eu vejo o meu relacionamento com esta empresa. Obrigada por trazer palavras de esperança e de ajuda para um público ansioso e interessado.

Sumário

CAPÍTULO UM

Em Busca do Amor-Próprio

O que é o amor-próprio?

O dicionário Webster traz o verbete *self-worth*: "amor-próprio", auto-estima; vamos portanto desmembrar essa expressão e compreender cada uma de suas partes:

Self [eu, a própria pessoa] – pessoal; que tem sua própria identidade; personalidade.

Worth [valor, valia, importância] – que tem valor; útil; precioso.

A definição que eu daria para amor-próprio é:

Minha preciosa identidade,
que merece todas as coisas boas.

Como saber quando uma pessoa tem uma auto-estima positiva, quando uma pessoa tem amor-próprio ou se sente bem consigo mesma? O comportamento é um bom indício. Mas o comportamento pode ser enganoso, pois é possível agir "como se" tivéssemos autoconfiança, equilíbrio e auto-estima elevada.

Existe um velho ditado que diz: "Não se pode julgar um livro pela capa." Da mesma forma, nem sempre podemos dizer o que há no íntimo de uma pessoa que parece ser perfeitamente confiante e segura de si — a expressão perfeita de alguém que tem um nível elevado de auto-estima.

Se captássemos os pensamentos de alguém que tem uma atitude positiva em relação a si mesmo, ouviríamos afirmações como as seguintes:

> *Eu me considero uma pessoa importante e útil, e sinto que sou pelo menos tão bom quanto qualquer um da minha idade e com uma experiência de vida semelhante à minha. Acho que conquistei o respeito e a consideração de meus amigos e colegas. Às vezes, tenho uma influência positiva sobre outras pessoas porque tento respeitar seus sentimentos e não passo por cima delas. Tenho uma idéia bastante definida do que é certo e sou capaz e propenso a defender essas posições. Ao mesmo tempo, sinto que sou razoavelmente flexível e gosto de ouvir outros pontos de vista sem me sentir ameaçado ou alvo de ataques. Gosto de tarefas novas e desafiadoras e não fico irritado quando as coisas não dão certo logo de imediato. Eu tenho paciência.*

Como seria um monólogo interior vindo de alguém com uma atitude negativa para consigo mesmo? Seria repleto de pessimismo, depressão e autodepreciação:

Eu não acho que sou uma pessoa muito importante ou agradável. Na verdade, não vejo razão alguma para alguém gostar de mim. Não sou muito bom em nada nem nunca fui. Os outros não prestam muita atenção em mim e, dado o que eu conheço e sinto sobre mim mesmo, não posso culpá-los. Não sou de me aventurar. Não gosto de fatos novos ou incomuns, e prefiro ater-me ao que já é conhecido e seguro. Eu não espero muito de mim mesmo, nem agora nem no futuro. Mesmo quando tento bastante, parece que não chego a lugar nenhum. O futuro me parece realmente sem esperanças. Sinto que não tenho controle sobre o que me acontece. E as coisas provavelmente vão piorar.

Existem muitos níveis de auto-estima entre esses dois extremos. Por exemplo, vez por outra, todos nós temos sentimentos de inadequação, raiva, culpa, solidão, vergonha e pesar.

Inadequação

Sentado à mesa, vendo que aparentemente todos se sentem satisfeitos e à vontade, eu me sinto oprimido? Por que é que eles parecem ter muito mais facilidade para se enturmar, entrar na conversa e fazer parte do grupo?

Raiva

Será que algum dia eu vou sentir que é a minha vez? Parece que estou constantemente preocupado com os problemas das pessoas com quem me relaciono. Alguém tem sempre uma crise ou dificuldade que parece mais importante que as minhas. Estou cansado de me preocupar com os outros e deixar as minhas necessidades em último lugar.

Ansiedade e inquietação

Fazer as coisas bem-feitas e com capricho já não é o suficiente para me animar. Quando é que eu vou me sentir completo, motivado, satisfeito? Estou cansado de me dedicar, de trabalhar, de sentir-me ansioso. Por que eu não posso parar?

Culpa

Sinto que deveria ser mais produtivo, compreensivo e útil. Toda vez que faço algo por mim mesmo, sinto-me culpado. Quer seja tempo, dinheiro ou energia, eu sinto que deveria estar dando mais e recebendo menos.

Solidão

Afinal, eu não sinto que as pessoas me conhecem de fato. A maior parte delas só sabe aquilo que eu deixei que elas soubessem sobre mim. Se elas soubessem como eu realmente me sinto, o que eu quero e com o que eu me preocupo, provavelmente não gostariam de mim, ou não me respeitariam.

Vergonha

Acontecimentos do passado continuam a me perseguir. Quando eu sinto que algo de bom vai acontecer comigo, lembro-me de coisas que já me aconteceram, e de como eu me senti na época e me sinto mal comigo mesmo outra vez. Será que um dia vou me livrar das velhas lembranças e da antiga vergonha?

Tristeza

Perdi tantas coisas... Às vezes, parece que é tarde demais para ser feliz de verdade. Algumas coisas não se pode mudar, há certos relacionamentos que nunca vão dar certo. Será que consigo me livrar dos remorsos e sentimentos antigos?

Justo quando eu sinto que as coisas vão melhorar
eu me deprimo com meus velhos medos,
mágoas e deficiências...

Às vezes, por mais que eu olhe para os outros, dentro de mim eu tenho o sentimento de que sou um ser de quinta categoria. Quando eu me deprimo, tenho sentimentos de quinta classe, de baixa energia – conhecidos também como pouca auto-estima.

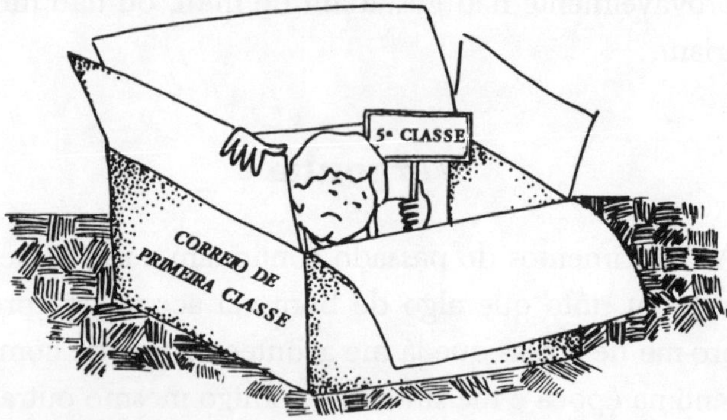

Sinais de baixa auto-estima

Embora nem sempre seja possível concluir, a partir do comportamento de uma pessoa, que ela tenha uma auto-estima elevada, há alguns sinais bastante confiáveis da existência de pouca auto-estima.

1. Distúrbios alimentares (obesidade, anorexia, etc.).
2. Problemas de relacionamento (falta de intimidade, de confiança, casos extraconjugais).
3. Problemas físicos (doenças crônicas, impotência, anorgasmia).
4. Abuso de drogas e de álcool.
5. Compulsão por trabalho e atividade frenética.
6. Tabagismo.
7. Gastos excessivos (das compras compulsivas ao vício do jogo).
8. Dependência de "outras" pessoas (da família a gurus).

Os comportamentos acima estão arraigados em nossa cultura e fazem parte, de uma maneira ou de outra, de nossa vida diária. Comer, trabalhar e gastar são obviamente atividades que podem ser benéficas ou prejudiciais. É o fato de comer demais, trabalhar demais ou gastar demais que nos traz problemas.

Nós comemos para alimentar o nosso corpo, mas o ato de comer torna-se abusivo quando comemos tanto que chegamos a limitar nossa vida, ou quando nos fartamos e depois forçamos o vômito ou tomamos purgantes, quando só comemos lanches gordurosos.

A compulsão de comer, de fazer dietas ou de usar laxativos é uma forma de reagir ao que estamos sentindo. Tome como exemplo o caso de Janet. Quando ela está magoada ou com raiva, seus sentimentos se agitam. Mas, na família de Janet ela foi ensinada a ser boa, certinha e sempre – *não importa o que aconteça* – manter seus sentimentos sob controle. A ansiedade de Janet faz com que ela se sinta agitada e aja impulsivamente e de forma caótica. Ela devora uma barra de chocolate ou um saco de batatas fritas e mantém sua ansiedade sob controle, *alimentando seus sentimentos*. Em poucos minutos, ela já consegue lidar com esses sentimentos e volta a viver normalmente. Janet repete esse comportamento várias vezes por dia, o que a fez engordar cerca de 25 quilos.

A ansiedade é simplesmente um conjunto de sentimentos indiscriminados e reprimidos, que nós acumulamos ao longo da vida.

Nós trabalhamos para viver e, se tivermos sorte, para nos realizar. Quando, porém, o trabalho se torna o centro da nossa vida, a ponto de nos fazer negligenciar nossos relacionamentos mais importantes e até mesmo a nossa saúde, então ele se torna autodestrutivo.

Larry costuma sentir essa mesma ansiedade com relação aos sentimentos que lhe afloram. Quando ele era um garotinho, seu pai era uma figura extremamente importante em sua vida. Tanto na infância quanto, mais tarde, na adolescência, Larry fez o possível e o impossível para que o pai o notasse. Procurou tirar boas notas, se sair bem nos esportes e apresentar um bom comportamento, embora nunca se sentisse notado, valorizado, nem bom o suficiente. Hoje, Larry é um profissional respeitado e conhecido. Ele tem muito sucesso em sua profissão. Muitas pessoas se sentem intimidadas diante do seu conhecimento e poder, ainda que no fundo Larry ainda se sinta incapaz e sem valor. Seu impulso de fazer mais e mais ainda o mantém ativo e compulsivamente ocupado. Como resultado, a proximidade e a intimidade que, no passado, ele tanto ansiava ter com o pai também não fazem parte do seu relacionamento com a esposa e com seus próprios filhos. Larry os está afastando de si com sua mania de trabalhar demais, e os sentimentos de incapacidade e isolamento fazem com que continue "ansioso" – o que, por sua vez, aumenta o isolamento e a distância com relação aos outros.

Usamos o dinheiro para conseguir as coisas que queremos e de que precisamos, mas quando não conseguimos conter nossos gastos – quando nos entregamos às compras ou às apostas – eles se tornam claramente abusivos.

Sandra é tesoureira de uma pequena faculdade. Ela sente certa insegurança no trabalho, pois é a única no departamento administrativo que não tem diploma. Ao mesmo tempo em que é muito responsável com as finanças da faculdade, ela é extremamente desorganizada com relação ao seu próprio dinheiro. Seus cartões de crédito estão sempre no limite e ela faz verdadeiras orgias de compras toda vez que está deprimida. Essas "comprinhas", porém, não ajudam muito, pois só fazem com que Sandra fique cada vez mais endividada.

O resultado é que ela esconde sua ansiedade por trás de uma fachada de autoconfiança. "Eu me sinto sobrecarregada", confidenciou Sandra a um amigo. "Sei que estou gastando mais do que eu ganho, mas esse parece ser o único prazer que tenho na vida." E então ela acrescentou: "Além disso, eu nunca tive nada quando era pequena. Eu devo isso a mim mesma. Vou ser boa para mim."

Outros comportamentos, como fumar e consumir certas drogas, são visivelmente prejudiciais e podemos optar por não ter esses problemas. Os abusos que cometemos contra nós mesmos sempre acabam num círculo vicioso: comer, beber, gastar, trabalhar demais, envolver-se em aventuras. Todas essas são atividades que proporcionam algum alívio para os nossos sentimentos dolorosos. No entanto, esse alívio é passageiro e esses sentimentos voltam assim que passa o efeito do remédio (substância química ou modo de se comportar).

Então voltamos à velha rotina, completando o círculo vicioso, pois agora, além dos sentimentos dolorosos que já tínhamos, existem novos e terríveis sentimentos de culpa, incapacidade, vergonha e solidão. A cura? Mais drinques ou drogas. Mais sorvetes com cobertura, mais musses de chocolate. Trabalhamos com mais afinco, compramos mais bilhetes de loteria, vamos às compras.

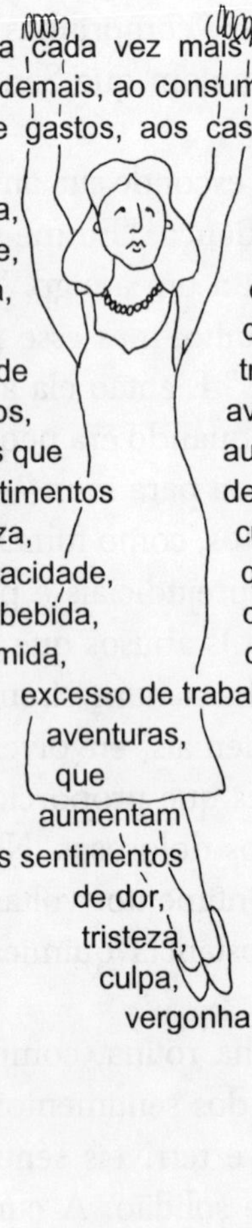

o sofrimento aumenta cada vez mais e leva à bebida, ao cigarro,
ao hábito de comer demais, ao consumo de drogas, ao excesso
de trabalho, de gastos, aos casos de uma noite, que
aumentam os sentimentos de... dor,
tristeza, culpa, vergonha,
incapacidade, que levam a
mais bebida, cigarro,
comida, drogas,
excesso de trabalho,
de gastos, aventuras
sexuais que aumentam
os sentimentos de dor,
tristeza, culpa, vergonha,
incapacidade, que levam a
mais bebida, cigarro,
comida, drogas,
excesso de trabalho,
aventuras,
que
aumentam
os sentimentos
de dor,
tristeza,
culpa,
vergonha,

Sentimo-nos um pouco melhor enquanto somos bombardeados com coisas excitantes. Mas trata-se de um prazer efêmero, seguido de mais sentimentos dolorosos e de novo descemos mais um grau na espiral da falta de amor-próprio.

Como afirma Sandra: "Quando começo a fazer compras, sinto-me ótima. Digo a mim mesma: 'Ei, eu mereço isto. Vou ser boa comigo mesma só para variar!' Então, quando tudo termina, eu me vejo com todas aquelas coisas, o que é bom, mas não é aquela maravilha. E eu me enterro em dívidas. Fico andando como que em transe, com um sentimento de morte por dentro."

Como os comportamentos compulsivos aumentam o nosso sofrimento emocional, precisamos cada vez mais de comportamentos desse tipo para obter algum alívio. Nossa dor aumenta e nosso comportamento piora. Continuamos a nos magoar, o tempo todo nos perguntando por que nos tratamos dessa maneira e querendo mudar.

Nesse meio tempo, chegamos ao ponto de estar:

Viciados em:

álcool
drogas
cigarros

Ou dependentes de:

comida
trabalho ou poder
posses
pessoas

O objeto de nosso alívio momentâneo se torna como que um veneno ou uma toxina para nós. Nessas situações, substâncias como álcool, drogas e cigarro, bem como a comida, tornam-se substâncias tóxicas para o nosso bem-estar emocional.

Do mesmo modo, desenvolvemos relacionamentos tóxicos. À medida que nos tornamos dependentes de um emprego, ou de certas pessoas e membros da família, nosso relacionamento com eles pode tornar-se *emocionalmente tóxico* para nós. O que quer que nos distancie de uma reação emocional espontânea, livre e autêntica acaba sendo, para nós, uma toxina emocional.

Toxinas emocionais

Qualquer substância ou pessoa que iniba a nossa capacidade de sentir uma emoção espontânea se torna uma toxina emocional para nós e cria um ambiente tóxico que diminui nosso sentimento de auto-estima.

Primeiros passos para aumentar o amor-próprio

O primeiro passo, e o mais importante, para começar a caminhada rumo a um amor-próprio mais elevado, é a eliminação das substâncias e relacionamentos tóxicos. Isso requer um inventário realista e destemido da nossa vida.

Um inventário é uma avaliação honesta – eu disse *honesta* – de nossas forças e fraquezas. É reconhecer os méritos que de fato temos e lançar um olhar imparcial sobre alguns dos nossos aspectos que são difíceis de admitir.

É importante reconhecer que temos tantos pontos positivos quanto imperfeições, e que estamos em constante mudança. Os pontos fortes podem nos dar a energia e a cora-

gem para admitir nossas fraquezas e encará-las. Nisso reside a capacidade de optar por fazer mudanças positivas em nossa vida. À medida que efetuamos essas mudanças positivas, aumentamos nosso amor-próprio.

É muito difícil e, em alguns casos, é impossível atingir um nível saudável de auto-estima enquanto continuamos a poluir o corpo com substâncias tóxicas ou nos cercamos de relacionamentos que minam a nossa energia. As substâncias e relacionamentos tóxicos contribuem para o *stress* psicológico e fisiológico, acentuando outros problemas e diminuindo nossa capacidade de tomar decisões que promovam o amor-próprio.

É difícil fazer com que algo (ou alguém) cresça saudável

e bonito em uma lata de lixo. É preciso tirar o lixo para que o crescimento possa ocorrer.

Quanto mais elevado o amor-próprio, mais forte é a convicção de que vale a pena lutar para viver e ser feliz. O amor-próprio, pois, pode ser visto como uma necessidade pessoal básica e como uma condição indispensável para se ter saúde mental e uma sensação de bem-estar.

Antes de começar a caminhar rumo ao desenvolvimento ou ao aprimoramento do amor-próprio, é importante estar consciente daquilo que atualmente o está bloqueando. De maneira geral, chega-se ao caminho do crescimento pela via da insatisfação (o desejo de obter alguma coisa) ou da dor (o desejo de livrar-se de alguma coisa).

Primeira lei do amor-próprio

Antes de entrarmos em ação e desenvolvermos nosso amor-próprio, é preciso que estejamos plenamente conscientes da nossa realidade presente e das forças do passado que ainda nos retêm. Não se pode avançar e retroceder ao mesmo tempo.

Há três passos gigantes que devem ser dados se quisermos desenvolver uma auto-estima elevada...

1. Eliminar a substância ou o comportamento tóxico.
2. Olhar para trás e fazer novas escolhas com relação às mensagens e sentimentos antigos.
3. Cultivar novos comportamentos e sentimentos que estimulem o desenvolvimento do nosso amor-próprio.

O Amor-Próprio é uma Opção, não um Direito Inato.

Será essa idéia uma heresia? Alguns poderão dizer que minha declaração de que o amor-próprio não é um direito inato revela uma atitude negativa. Para mim, trata-se simplesmente de uma crença baseada nas minhas experiências com clientes e amigos. Muitas pessoas com pouca auto-estima têm pais que também não receberam doses saudáveis de amor-próprio. Essa carência é passada de geração a geração.

A criança, desde tenra idade, observa o mundo em relação a si própria. Para a criança, o mundo reflete de volta uma imagem que a ajuda a crescer e a se definir. Se o mundo (pais, família, amigos, professores) brinda a criança com o reconhecimento do valor que ela tem, a criança se sente valorizada e age de maneira a aumentar suas qualidades.

Muitas crianças nasceram em famílias em que os pais foram mal preparados para dar aos filhos o cuidado e a atenção necessários para que tivessem um crescimento saudável. Alguns pais estavam ocupados demais em provar seu próprio valor e em assumir um lugar no mundo. Outros pais eram, eles mesmos, crianças.

Esses pais-crianças querem ter filhos porque imaginam que estes nutrirão por eles um amor incondicional. Glória, uma mãe de dezesseis anos, descobriu que isso era verdade – até certo ponto. Quando sua filha Judy Kay tinha dois anos de idade, Glória ficou chateada porque a menina estava ficando independente e já não parecia precisar da mãe tanto quanto antes.

Glória decidiu ter outro filho. "Judy Kay já não precisa de mim como antes", lamentava Glória. "Ela não me faz mais me sentir amada." Alguns pais passaram pela Grande Depressão e pela II Guerra Mundial, quando sentiram na carne a insegurança da pobreza, do desamparo e da morte iminente. Os valores adquiridos durante esses anos pareciam estranhos na era de grande prosperidade que se seguiu à II Guerra.

Cada geração cuidou então em viver conforme as necessidades, desejos, vontades e regras da geração anterior. Em vez de a criança apreciar por completo a dádiva que ela mesma era, ela preocupava-se em adaptar-se a uma família já estabelecida. A tendência é tentar obter a aprovação dos adultos já estabelecidos, em vez de se desenvolver o talento e a surpresa que há no interior de cada criança.

Muitas crianças, principalmente as que tiveram pais inseguros quanto ao seu valor pessoal, são submetidas pela família à necessidade de crescer bem rápido. Isso é chamado de "síndrome da criança apressada". Numa cultura que dá muito valor aos carros rápidos, às refeições rápidas, à satisfação instantânea e aos computadores supervelozes, existe a tendência de se instigar a criança a crescer depressa.

Os pais, ansiosos para inscrever seus pequeninos nas ligas esportivas e pôr seus minijogadores em campo, assumem uma postura competitiva com relação ao crescimento e desenvolvimento dos filhos. "Seu filho deu os primeiros passos aos onze meses? Pois o meu aprendeu a andar com nove meses e já corria três quarteirões com um ano. E arremessar uma bola? Você precisa ver a força desse menino!"

Em vez das delícias da infância, os filhos condenados a crescer depressa conhecem de perto a pesada responsabilidade desses anos da vida. Em vez de ser marcada pelas brincadeiras, opções, possibilidades e alegrias, a infância tornou-se um momento de cumprir horários, aprender regras, assumir responsabilidades e descobrir como fazer tudo certo.

Os pais o amavam quando você desempenhava bem o seu papel. E se não fizesse isso, então... você era considerado um fracasso. A rejeição e o abandono, velados ou explícitos, eram ameaças sempre presentes, conseqüências desse fracasso.

A infância tornou-se dolorosa em vez de feliz, cheia de responsabilidades, em vez de despreocupada, mais marcada pela depreciação de nossas próprias necessidades, vontades e desejos do que pela sua valorização. O amor-próprio ficou esquecido na infância. Presa como o fóssil de uma formiga no âmbar, a auto-estima não teve oportunidade de crescer. Os sentimentos em torno desse fenômeno foram sepultados.

Como dar valor ao eu na infância

Uma das coisas que mais contribuem para aumentar o amor-próprio é o costume de transmitir às crianças mensagens que afirmem ou valorizem sua existência, suas opções, seus talentos, suas idéias e seus planos. Se tudo isso não for valorizado, as crianças parecem sentir-se menos importantes ou valorizadas do que as outras ao seu redor.

Imagine que, no dia do seu nascimento, você recebe uma grande cesta. Durante os seus primeiros anos, você vai reunindo na cesta todos os ensinamentos que lhe proporcionam ânimo, esperança, habilidades, desejos e bons sentimentos sobre você mesmo. Vamos chamar essas mensagens de "flores". Você também vai depositando na cesta mensagens que o fazem se sentir incapaz, pequeno, culpado e com medo. Chamemos a essas mensagens de "mensagens de refugo".

Observe as mensagens seguintes e avalie o que você vem carregando em sua cesta:

Mensagens de refugo

(Mensagens que nos fazem sentir mal e sem amor)

- Se você não pode dizer algo de bom, não diga nada.
  (Oculte seus sentimentos verdadeiros)
- Roupa suja se lava em casa.
  (Não confie)
- Primeiro o trabalho, depois a diversão.
  (O que você faz é mais importante do que o que você é)
- Homem não chora.
  (Os homens devem ser sempre fortes)
- As mulheres não devem ter raiva.
  (As mulheres devem encobrir os sentimentos de raiva)

- Não fale, a menos que lhe dirijam a palavra. (É errado ser espontâneo)
- Não fale sobre sexo. (Existe algo de errado com o nosso corpo)
- Ajoelhou, tem de rezar. (Não se pode cometer enganos)
- Tudo o que você fizer, faça bem feito. (Procure ser perfeito em tudo)
- O dinheiro não cresce em árvores. (Tome cuidado com o que você gasta)
- Você pode fazer melhor. (O que você está fazendo não é bom o suficiente)
- Eu bem que avisei... (Você deveria ter ouvido o que eu disse. Eu estou certo e você está errado)
- Não lave roupa suja em público. (Não fale com as pessoas e não peça ajuda)
- O sangue é mais espesso que a água. (A lealdade à família vem em primeiro lugar, seja merecida ou não)

Pense sobre algumas das regras e mensagens que foram transmitidas pela sua família. Quantas delas o fazem sentir mais amor-próprio? E quantas delas o fazem se sentir mal consigo mesmo? Vamos dar uma olhada em algumas mensagens positivas (flores) que fazem com que as pessoas se sintam melhor acerca de si mesmas:

1. Estou orgulhoso de você hoje.
2. Você teve de fato uma boa idéia.
3. Continue fazendo um bom trabalho.
4. Você é uma pessoa muito especial.

5. Que bom pra você!
6. Você parece ter idéias muito boas.
7. Você provavelmente vai aprender muito com esse erro.
8. É um prazer trabalhar/cooperar com você.
9. Eu gosto de você como você é.
10. Carinho nunca é demais.
11. Às vezes, as lágrimas são um refrigério.
12. Desculpe. Você tem razão.
13. Fico feliz quando estou com você.

Este livro nos ajuda a avaliar honestamente o que estamos carregando na nossa cesta e a determinar aquilo de que gostaríamos de nos livrar. A segunda metade do livro mostra como refazer a cesta, usando a energia positiva da escolha e da afirmação, que vai aumentar o nosso amor-próprio.

Uma expressão muito usada hoje é "o eu alienado". Trata-se da pessoa que passa a vida toda reagindo ao mundo externo, ou seja, o parceiro, a família, o trabalho, os amigos, a televisão e os eventos mundiais. O eu alienado não se sente à vontade no mundo, sente-se deslocado, desconfortável e ansioso. O eu alienado caminha pela vida emocionalmente entorpecido.

Entretanto, ao mesmo tempo, ficamos ligados ao nosso "eu interior". No eu interior, cada um de nós escolhe as informações, acontecimentos e sentimentos que são únicos e diferenciados para cada pessoa.

Num certo sentido, o eu interior é como nosso computador particular, que mantém em arquivo as informações pertinentes para que possamos usá-las quando melhor nos convier.

Trata-se de uma possibilidade tão maravilhosa que talvez você queira saber – Como é que uma pessoa consegue desligar-se da sua própria experiência emocional, sendo incapaz de invocar emoções e sentimentos para se guiar e orientar? Como é que o eu alienado se torna um autômato emocionalmente entorpecido?

Para começar, muitos pais ensinam aos filhos como reprimir ou dissimular seus sentimentos:

- Um menino cai e se machuca, e o pai o adverte severamente: "Homem não chora."
- Uma garotinha fica zangada com outra criança que quebra seu brinquedo e a mãe, rapidamente, lhe diz: "Não fique brava, isso não é bonito."
- Uma criança fica toda animada com uma banda que vem descendo a rua e os pais advertem: "Não fique tão agitada e faça menos barulho."

Pais emocionalmente reprimidos e estóicos tendem a ter filhos emocionalmente reprimidos e estóicos, não apenas por exigirem obediência a determinadas regras, mas também por darem à criança seu próprio exemplo. A criança percebe que a espontaneidade e a liberdade de expressar suas emoções vão cedendo lugar ao que é "apropriado", "adequado", socialmente aceitável, e a personalidade acaba ficando para trás – muito para trás.

A criança criada nesse ambiente começa a ter medo dos "sentimentos e emoções" e tenta desenvolver formas de controlá-los. Os sentimentos autênticos passam, assim, a dar lugar ao que "se deve" sentir, e a "realidade" fica distorcida. Em vez de sentir o que sentimos, acabamos por sentir o que devemos sentir.

O hábito de negar os sentimentos

A possibilidade de negar seus verdadeiros sentimentos e a sua verdade é um problema corriqueiro para crianças que vivem em lares conturbados.

Quando ignoramos nossa experiência interior (aquela que sentimos de fato), rejeitamos parte da nossa verdade.

Nossa realidade, portanto, fica distorcida e não conseguimos ver as situações com clareza.

As afirmações baseadas numa realidade distorcida tendem a diminuir a gravidade de uma situação ou as possibilidades que ela oferece. Tendemos a ver as coisas do modo como *escolhemos ver*, ou como *elas nos convêm*, em vez de vê-las como elas realmente são.

Exemplos de afirmações baseadas numa realidade distorcida:

"As coisas não estão tão ruins assim..."
"Agora as coisas estão melhores do que antes..."
"Eu me contento com..."
"Eu não posso..."
"É culpa dele..."
"Se pelo menos eu pudesse..."
"Ele, ela, aquilo ou eles me fazem sentir dessa forma..."
"Não tem jeito..."
"Faça isso por mim, eu não consigo..."
"Você me fez ficar assim..."
"Estaria tudo bem se pelo menos você..."

Tenha isto em mente:

Para aumentar nosso amor-próprio, precisamos abrir mão da fantasia de nossas lembranças e da conveniência de encarar nosso passado como algo totalmente bom ou completamente ruim.

Se tivermos só boas recordações, permaneceremos no "mito da infância perfeita" e continuaremos distantes do nosso verdadeiro eu. O mito da infância infeliz nos fará estagnar em meio à culpa e novamente nos impedirá de usar o eu interior e nossa experiência para evoluir.

O Amor-Próprio é uma Opção, não um Direito Inato.

A primeira grande tarefa proposta neste livro será a de fazer algumas escolhas difíceis. Uma das mais trabalhosas será procurar a verdade oculta nos anos da infância e da adolescência e encontrar nosso próprio senso de realidade. Certas pessoas dizem: "Por que olhar para trás? Por que esquadrinhar situações e sentimentos que estão mortos e enterrados?! Por que reabrir velhas feridas?"

A razão mais importante para olhar para trás e examinar nossos primeiros anos é: Embora alguns sentimentos e situações sejam coisas do passado, *eles não estão mortos.* Eles vivem em nossas atitudes, pensamentos e sentimentos e afetam nossos relacionamentos e decisões do dia-a-dia. Uma das crenças mais fortes que eu tenho é: "mude ou sofra de novo". *Se não resolvermos interiormente as situações e sentimen-*

tos difíceis da nossa infância e relativos às primeiras relações com a família, teremos de resolvê-las em nossos relacionamentos atuais (parceiros, amigos e filhos).

O ato de fazer escolhas tem de fato um poder de cura, assim como a realidade também tem – mesmo que seja uma dura realidade. Mas antes, devemos olhar para trás e descobrir o que era real e o que era mito.

CAPÍTULO DOIS

Os Pais e o Amor-Próprio

É importante deixar claro, já no início deste capítulo, que o propósito deste livro não é culpar nossos pais por não termos amor-próprio.

Em geral, nossos pais tinham, eles mesmos, doses saudáveis de amor-próprio. Eles podem ter passado por períodos de pobreza, perseguição, opressão ou preconceito – e até mesmo abandono. Eles podem não ter recebido educação, ser semi-analfabetos, ter alguma doença crônica ou ter alguma deficiência física. Mesmo assim, podemos supor que quando eles se tornaram pais, tentaram fazer o melhor possível pelos filhos.

Embora "o melhor" que eles podiam dar não fosse, às vezes, o suficiente, a maioria dos pais ainda amava os filhos. Infelizmente, eles nem sempre tinham condições de proporcionar aos filhos uma atmosfera que os fizesse desenvolver um amor-próprio elevado.

Toda infância tem suas dificuldades. Cada criança passa por graus variados de sofrimento, infelicidade e decepção. Não obstante, todos nós, de uma maneira ou de outra, chegamos à idade adulta. Todos nós podemos nos lembrar de tempos difíceis. Nós sofremos perdas – perdas reais – de animais de estimação, amigos ou membros da família. A escola nos proporcionava experiências tanto boas quanto ruins, pois nos dava a oportunidade de crescer, embora também nos garantisse alguns fracassos. Afinal, só havia cinco vagas no time de animadoras de torcida. E onze titulares no time de futebol.

Por dois anos, uma adolescente de nome Suzan deixou os pais enlouquecidos, praticando animação de torcida o dia inteiro pela casa. Ela ficou arrasada nos dois anos seguintes, quando perdeu por um voto uma vaga na equipe. Agora, aos 35 anos, reflete: "Foi a maior humilhação de minha vida. Eu ainda olho pra trás e fico doente ao pensar que perdi. Minhas melhores amigas eram animadoras de torcida. Mas eu não era popular o bastante."

Nossa família costuma ter atitudes e crenças que nos machucam. Alguns acontecimentos podem ter feito com que nos sentíssemos rejeitados, incapazes e isolados.

Nicolas, por exemplo, recorda-se do abandono. O pai deixou a mãe quando ele tinha cinco anos de idade. Quando sua mãe se casou outra vez, o padrasto insistiu para que Nicolas fosse colocado em uma academia militar. Nos sete anos seguintes, Nicolas só via a mãe uma vez por ano. Sua família era a academia – estranhos que eram pagos para cuidar dele.

E John, agora aos 83 anos, lembra-se do maior fracasso da sua vida: "Eu adorava a escola e, quando terminei a oitava série, queria ir para o colegial. Ninguém em minha família tinha feito isso. O problema é que eu teria de ir para a cidade." John nasceu e se criou em um sítio em Camas Valley, Idaho. "Meus pais arrumaram um lugar para eu ficar e consegui um emprego numa loja para poder pagar minha estadia. Mas eu era uma criança do campo e os meninos da cidade faziam troça de minhas roupas acaipiradas. Fiquei apenas alguns dias, e depois tomei o trem e deixei a cidade." Depois de todos esses anos, John ainda tem uma nítida sensação de humilhação e fracasso.

Muito poucos de nós chegaram à idade adulta sem nenhum tipo de cicatriz psíquica. No entanto, agora que já crescemos, podemos começar a ver as coisas como elas realmente são. Nossos pais não eram os seres onipotentes, oniscientes que víamos quando pequenos. Eram seres humanos comuns, com capacidades e falhas humanas. Eles tiveram seus próprios problemas – problemas que, provavelmente, não foram muito diferentes dos nossos. Embora nossos pais possam não nos ter dado aquilo de que precisávamos, eles provavelmente fizeram o melhor possível com o conhecimento, o entendimento e os recursos financeiros de que dispunham.

Em outras palavras, nossos pais não eram cheios de consumada e implacável malícia. Eles não são os vilões no melodrama do nosso passado.

Problemas mal-resolvidos e a criança adulta

Nosso objetivo agora é investigar tudo o que conseguimos e o que não conseguimos e identificar nossos "problemas mal-resolvidos". Então, hoje, como adultos, poderemos resolver esses problemas, preencher nossas necessidades, desenvolver nosso amor-próprio e seguir em frente.

A *falta de Amor-Próprio* tende a ser parte da vida de pessoas que vieram de uma família cujas expectativas eram rígidas e excessivamente elevadas; em que os pais tinham regras severas e as emoções não eram valorizadas. As pessoas que têm famílias como essas interrompem seu desenvolvimento em tenra idade. É como se a vida emocional delas permanecesse imatura – juvenil, ou até infantil – enquanto fisicamente a criança cresce e amadurece.

Às vezes, referimo-nos a essa condição como "retardamento emocional". Essas crianças se desenvolvem, às vezes, até acima do normal, intelectual e fisicamente. No nível emocional, entretanto, elas permanecem crianças. Crianças, não importa a idade que tenham. Essas pessoas são chamadas de "crianças-adultas".

Externamente, parecem ser adultos maduros. Têm responsabilidades de adultos, vivem o estilo de vida de um adulto. No íntimo, contudo, são vulneráveis como uma criança. Tendem a ser competentes e bem-sucedidas na vida, mas, no coração e na alma, elas sofrem.

Minha experiência com pessoas que têm pouco amor-próprio [PAP] me fez constatar que elas estão sempre "preparando-se para viver..." Eu gosto de lhes dizer: "O *show* está no ar e o ensaio acabou. A vida é aqui, agora!" Esse é um conceito importante, porque as pessoas que não têm amor-próprio ficam em geral imaginando quando elas se tornarão aquilo que vão ser. Acham que só então se sentirão melhores e mais felizes. Parecem estar esperando por um acontecimento ou uma pessoa que vá influenciá-las de tal modo que elas então saberão o que é felicidade.

É importante saber que "a vida não é nada além do que se vive hoje". Não há nada que deva ser atingido; há somente algo que deve ser.

A felicidade não é algo pelo qual você se empenha, como um diploma universitário. E não é algo que venha embrulhado para presente, com um rótulo "felicidade", nem vem automaticamente, assim que você encontra o homem ou a mulher perfeita para você.

A felicidade exige que nos defrontemos com a realidade e a aceitemos *como ela é*, e em acompanhar a maré. E isso significa aceitar, na própria vida e na dos outros, certas circunstâncias físicas e, às vezes, financeiras.

A felicidade chega sob diferentes formas. Às vezes é muito grande, às vezes é quase imperceptível. *Geralmente somos mais felizes quando não nos preocupamos tanto com a questão da felicidade.*

Para ser feliz e satisfeito não há algo a fazer ou a realizar.
O importante é ser, não fazer...

As crianças adultas vivem na expectativa. Na infância elas acreditavam que, quando saíssem de casa, seriam independentes e estariam livres da supervisão opressiva e cruel dos pais, definitivamente antiquados. Emancipadas, elas poderiam administrar seu próprio tempo para cuidar de si mesmas. Encontrariam pessoas novas e empolgantes com as quais ficar.

Uma coisa é certa: Elas encontrariam um mundo mágico e seriam felizes. Certamente não viriam a ser como os pais. De maneira nenhuma.

Uma das maiores expectativas das pessoas é que haverá um mínimo de infelicidade, pouquíssimos sentimentos desagradáveis. Acho que isso acontece pelo fato de se culpar os pais ou os outros pela dor e infelicidade na própria vida. Assim que a pessoa passa a cuidar de si, por assim dizer, aquelas influências malévolas não estão mais em volta; por isso, ela espera que a vida seja mais agradável, menos tensa, mais feliz. Talvez parte da felicidade esteja na capacidade de resistir ao sofrimento da vida, aos desapontamentos, à infelicidade, superá-los e seguir em frente, em vez de atolar-se indefinidamente na tristeza.

Esses pensamentos, sentimentos e idéias se formaram durante a infância. Em vez de ouvir e confiar no eu interior, muitos se deixaram influenciar pelas expectativas da família, dos professores, dos amigos e dos meios de comunicação. A televisão é uma fonte importante (e às vezes sutil) de muitas das nossas expectativas – a felicidade é resultado de uma colônia de marca, da feminilidade ao usar uma meia-calça. A publicidade é notória por iludir nossa pouca auto-estima – como Vance Packard mostrou há anos em seu livro *The Hidden Persuaders*.

Como familiarizar-se com sua criança interior

Dentro de mim vive meu especialíssimo mentor, motivador e mestre. Trata-se da minha "criança interior". Às

vezes a pessoa está bem familiarizada com o seu eu interior (o depositário do amor-próprio), mas às vezes a criança interior é desconhecida. Nesse sentido, podemos desconhecer a nós mesmos.

Grande parte da tensão, da fadiga, da dor e da solidão poderia ser compreendida e eliminada se soubéssemos como encarar a nossa criança interior. Esse tipo de compreensão pode nos ajudar a ter bons relacionamentos, e também a descobrir nosso próprio valor como pessoa.

Um dia, todos nós fomos criança. Foi uma época importante e, ainda hoje, ela continua a nos influenciar. Com freqüência, na idade adulta, tentamos ignorar nossa vida de criança, diminuir a importância do que aprendemos naquele tempo e renegar as lições pelas quais já passamos. As lições aprendidas na infância afetam o modo como pensamos, sentimos e agimos quando adultos. Algumas dessas lições aperfeiçoam ou interferem no modo como aprendemos a nos relacionar e na maneira como aprendemos a amar e ser amados. Esses sentimentos podem até ser a origem do cansaço, da incapacidade para relaxar, das dores de cabeça, da ansiedade crônica e da depressão.

Reflita sobre a criança que você era... O que aconteceu com ela?

1. Sua criança morreu?
2. Ela parou de crescer e foi descartada como se fosse uma roupa ou um brinquedo velho?
3. Você abandonou sua criança?
4. Ou será que sua infância se tornou irrelevante, perdida, sem significado?
5. A criança que você foi está viva e bem de saúde?

Cada pessoa carrega consigo os sentimentos e atitudes que trouxe da infância. Alguns dos ambientes que propiciam um amor-próprio insuficiente são os lares em que:

A criança precisa "crescer bem depressa..."

Esses são lares em que, por qualquer razão, os pais são incapazes de proporcionar segurança e aconchego para os filhos. São lares em que um dos pais, ou ambos, foi ou é dependente de álcool e drogas, e a preocupação dos pais com suas próprias necessidades prevalece na família. As crianças aprendem a cuidar de si mesmas emocionalmente e, às vezes, até mesmo fisicamente. Os irmãos mais velhos se sentem responsáveis pelos mais novos e a infância é um tempo de responsabilidade e de medos.

Espera-se que a criança seja "perfeita..."

O perfeccionismo começa a fazer parte da personalidade da criança quando os pais só demonstram aceitação e afeto nas ocasiões que acham que a criança os "mereça". A criança reage a isso esforçando-se para se desenvolver física, intelectual e socialmente. A criança nunca faz o suficiente para satisfazer aos pais ou a si mesma...

A criança é alvo constante de ordens, conselhos e doutrinações...

A criança é o alvo das atenções de um pai ou mãe que constantemente dirige, sugere, supervisiona e fala sem cessar com ela sobre objetivos, planos, lembretes, metas, etc. A criança, por fim, desiste de dirigir a própria ação e passa a depender de estímulos externos na maior parte dos setores da vida. Finalmente, a norma para a criança passa a ser: esquecer, adiar, resistir e cair na apatia e no isolamento. Essa criança tem muita dificuldade para tomar iniciativas.

A criança que reflete a raiva dos pais...

Essa criança é uma verdadeira vítima da família que a criou. Seus pais têm poucos meios para expressar seus sentimentos de raiva ou dor. Nesse tipo de família problemática, a criança indefesa se torna o alvo da raiva dos pais. Em lares assim, ocorrem agressões físicas e verbais. Infelizmente, algumas das formas de raiva são sutis, como o sarcasmo, os insultos e as regras rígidas.

A criança que é vítima da negligência dos pais...

A forma mais comum de maus-tratos é o desamparo emocional. Além das formas físicas de maus-tratos, um sem-número de crianças tem sofrido de desamparo emocional. Isso geralmente acontece devido às ocupações e preocupações dos pais, e quase sempre aflige os filhos de pessoas famosas e economicamente bem-sucedidas. É também uma ocorrência comum quando existe alcoolismo na família.

O desamparo pode ser causado por qualquer coisa que venha a privar a criança da afeição e da atenção amorosa dos pais. Pode ser o trabalho, os negócios, a ausência, a morte, etc. Uma das maiores dificuldades para se lidar com o desamparo emocional é que não é fácil detectá-lo; ele provoca apenas uma sensação de vazio, não sendo algo específico que possa ser indicado, pesado, medido e claramente descrito e compreendido. É difícil para a criança expressar em palavras o desamparo que sente, e essa dificuldade continua na idade adulta. As pessoas relatam uma vaga e inquietante sensação de vazio, e não algo que possa ser descrito ou compreendido.

Geralmente, tanto na infância quanto na idade adulta, as pessoas relatam sentimentos de insensibilidade, de incerteza e de vazio. Em vez de descrever episódios dolorosos, elas costumam dizer que "nada de tão ruim" jamais aconteceu. Esse comentário espontâneo pode ser uma pista de que algo de muito importante estava faltando na infância e de que o desamparo estava presente. Se a mãe ou o pai de alguma forma não se fizeram presentes nos momentos em que a criança precisava deles, o desamparo de fato aconteceu.

A criança é exposta a um comportamento "enlouquecedor"...

O comportamento "enlouquecedor" ocorre quando duas mensagens contraditórias são transmitidas ao mesmo tempo. Exemplo:

— Quero que você se sinta livre para realizar seus próprios sonhos, lembrando que todos estamos contando com você para cuidar dos negócios da família.

— Eu amo você assim como você é; só lhe dou conselhos e sugestões porque há algumas coisinhas que você poderia mudar.

Duplas mensagens enlouquecedoras

De minha mestra Virginia Satir aprendi sobre as mensagens binivelares. Ela afirma: "Todas as famílias problemáticas que conheço comunicam-se por meio de mensagens duplas. O resultado é um sentimento de desorientação. Algo está errado."

O comportamento "enlouquecedor" ocorre quando duas mensagens contraditórias são transmitidas ao mesmo tempo. Exemplo:

— Quero que você se sinta livre para realizar seus próprios sonhos, lembrando que todos estamos contando com você para cuidar dos negócios da família.

— Eu amo você assim como você é; só lhe dou conselhos e sugestões porque há algumas coisinhas que você poderia mudar.

– Quero que você saia e se divirta. Eu não me importo de ficar sozinho.

– Eu sei que você me ama, mas você não sabe como demonstrar.

– Nós vamos passar muito tempo juntos; só que não agora.

– Posso tomar conta de mim mesmo muito bem, mas queria que você ficasse por perto um pouco mais.

– Estou ótimo – não se preocupe comigo. Só não estou me sentindo bem.

– Nós sempre tomaremos conta de você e tudo vai ficar bem. As coisas só estão um pouco complicadas agora.

As pessoas querem que lhes demos crédito por suas boas intenções, mas não querem que levemos em conta seu comportamento decepcionante. Aprendemos bem cedo a não esperar que coisas boas possam realmente acontecer. O que quer que se dissesse, por mais numerosos que fossem os sorrisos – na família problemática, as coisas não pareciam bem. O que você presenciava e ouvia, em geral, não correspondia com o que você sentia.

Por fim aprendemos a nos comportar segundo as mensagens duplas.

– Comemos demais e depois fazemos regime.

– Dirigimos quatro quilômetros até a academia de ginástica para andar quatro quilômetros ao redor da pista.

– Tiramos férias e desperdiçamos um tempo considerável ligando para casa a fim de verificar se tudo está bem.

Coerência, concentração e a importância de viver no presente são coisas raramente aprendidas na família problemática.

Geralmente, a mensagem mais clara contida nessas afirmações contraditórias expressa boa vontade, apoio, preocupação e atenção. A segunda mensagem, normalmente velada, é mais indireta. Em geral é algo que não queremos ouvir nem encarar. Pode se tratar de uma ação... esquecer um dia especial, perder o táxi, chegar tarde, agir de forma confusa e vulnerável. Esse é o comportamento que torna difícil acreditar nas palavras de apoio e carinho...

Para muitos, a infância não foi um tempo de desenvolver o amor-próprio e a autoconfiança. Foi uma fase em que a pessoa cresceu muito rapidamente, medrosa e insegura com relação à vida. Nos próximos capítulos, investigaremos algumas reminiscências dolorosas, e depois aprenderemos a exaltar a nós mesmos e a fazer crescer nosso amor-próprio...

Por que é importante compreender melhor nossos sentimentos

Para muitas crianças, os primeiros anos de vida foram repletos de experiências assustadoras e dolorosas: pais que raramente atendiam às necessidades da criança de ser tocada, amparada e confortada; ou pais que vociferavam e gritavam com a criança, transferindo para ela sua própria frustração e raiva.

Muitas vezes os pais se valem de um artifício cruel para controlar a criança. Trata-se de instilar nela a culpa e o medo para fazê-la "se comportar bem". No entanto, às vezes os pais são apenas relapsos e indiferentes. Muitas crianças podem contar histórias infelizes de pais que constantemente as criticam e tripudiam sobre elas. Existem também pais que fazem exigências que nenhuma criança pode cumprir.

A criança pequena simplesmente não tem um conhecimento conceitual de suas necessidades, nem compreende por que os pais são da maneira que são. Eles próprios podem ter sido crianças desamparadas ou maltratadas. Tiveram uma infância difícil, passaram por humilhações, tristezas e frustrações. Mas as crianças pequenas não conhecem as razões que estão por trás do sofrimento dos pais. Elas não têm a capacidade da empatia. Elas estão ocupadas em aprender a sua própria maneira de se relacionar com o mundo, e não são capazes de ver que os pais são, eles próprios, almas perdidas.

Às vezes, o medo, a culpa, a raiva e a frustração que a criança sente se tornam tão esmagadores que ela, para sobreviver, distancia-se da parte de si mesma que pode "sentir". Esse é um mecanismo de defesa necessário. Para sobreviver, a criança foge de seu conhecimento e sentimento interiores. A criança nega e enterra a "criança interior".

Os sentimentos reprimidos ficam como que congelados no corpo, entrincheirados por trás de muros de tensão muscular e fisiológica. A criança então começa a desenvolver comportamentos de proteção (compulsão por comida, álcool, cigarros, sexo). Para amenizar a dor provocada por esses sentimentos negativos, o sistema de compulsão (comportamento) e repressão (sentimentos aprisionados) se estabelece — geralmente, sem que a pessoa tenha plena consciência disso. Isso então se torna a fonte da Negação e da Ilusão em nossa vida.

Nossos sentimentos são um sexto sentido, o sentido que interpreta, coordena, direciona e dá entendimento aos outros cinco. Não sentir — ser emocionalmente insensível e apático — significa estar privado de uma perspectiva mais equilibrada da realidade. Não sentir é acabar com a possibilidade de estar verdadeiramente ligado a outra pessoa. Os sentimentos são o denominador comum de todas as pessoas.

Uma vez que boa parte da realidade depende do conhecimento que temos dos nossos sentimentos, caminharemos pela vida confusos e sobrecarregados se não estivermos conscientes de nossos próprios sentimentos e dos sentimentos dos outros. O conhecimento da linguagem do sentir é a chave para o autodomínio. De posse desse conhecimento, a pessoa pode se livrar dos sentimentos negativos para assim irradiar uma energia mais elevada, mais criativa. À medida que a energia mais criativa é liberada, os sentimentos de medo e de dor diminuem. Esse é o outro lado do círculo vicioso – é um ciclo de retorno positivo que reforça a si mesmo.

Quando você sofre a dor emocional que, vez por outra, todos sofrem, suas energias se exaurem e, por um tempo, você se sente magoado e sem ânimo. Isso é natural. Se procurar sentir plenamente os estágios naturais da mágoa, da raiva e da dor, sem evitar a realidade – sem negá-la –, você vai se curar de modo mais rápido e definitivo. Também recuperará sua energia, criatividade e produtividade. A disposição para resolver problemas emocionais ao longo da vida torna possível o crescimento e o desenvolvimento verdadeiros. As questões da infância reaparecem constantemente em forma de conflitos. Se permanecemos abertos, crescemos. Se ficamos fechados e na defensiva, desperdiçamos energia e nunca atingimos o nosso potencial. Nossa primeira meta é a dependência, nossa próxima meta é a independência. A última meta será o autodomínio e a liberdade.

Perdão

O perdão é um presente que damos a nós mesmos. Implica admitir que não sabemos o histórico completo das pessoas que foram importantes na nossa vida. Não somos oniscientes a ponto de poder dizer: "Papai deveria ter prestado mais atenção em nós quando éramos crianças", ou "Mamãe não deveria ser sempre tão nervosa". O perdão reconhece que nós não temos conhecimento ou sabedoria para nos colocar no lugar de juiz, júri ou carrasco das pessoas que possam ter-nos ofendido no passado.

O perdão é uma escolha. Quando perdoamos, optamos pela vida para nós mesmos e para os outros.

1. Nós nos livramos do fardo de carregar a mágoa, a raiva, a dor e a solidão. A cura acontece em nós.
2. Damos ao outro a liberdade de viver sua vida (ou às vezes de descansar em paz), com todos os seus comportamentos, sentimentos e conseqüências.

O perdão

é

a dádiva de cura que oferecemos a nós mesmos.

CAPÍTULO TRÊS

Novas Visões de Velhos Sentimentos

Como entender os sentimentos

Algumas pessoas talvez fiquem surpresas quando falo sobre como entender os sentimentos. "O que há para entender?" – perguntam. "Eu sei quando me sinto bem e quando me sinto mal. O que há de tão complicado nisso?"

Se as emoções fossem simplesmente uma questão de sentir-se bem numa ocasião e mal em outra, então é verdade – não haveria muito o que entender. Contudo, como vimos, nossos sentimentos atuais vêm acompanhados de uma história emocional, uma história que tem origem na infância e que carregamos até o presente.

Tenha isto em mente:

Às vezes, o medo, a culpa, a raiva e a dor que a criança sente se tornam tão esmagadores que ela, para sobreviver, distancia-se da parte de si mesma que pode "sentir". Esse é um mecanismo de defesa necessário. Para sobreviver, a criança foge de seu conhecimento e sentimento interiores. A criança nega e enterra a "criança interior".

Assim, muito embora a criança tente escapar dos sentimentos, tente sepultá-los e suprimi-los, os sentimentos permanecem. Somos, afinal de contas, seres emocionais, além de seres racionais, e somos conduzidos pelas emoções.

Assim, os sentimentos suscitados na infância se congelam – encapsulados no tempo, por assim dizer – e se transportam, nessa cápsula, até o presente. É verdade que sabemos quando nos sentimos bem ou mal, mas também é verdade que negamos muitos de nossos sentimentos, e os negamos porque:

- . . . temos medo deles
- . . . ficamos com vergonha deles
- . . . achamos que eles são maus
- . . . achamos que eles não são normais

Como se disse no último capítulo, nossos sentimentos constituem um tipo de sexto sentido, um sentido que interpreta, coordena, direciona e dá entendimento aos outros cinco. Num sentido literal, o fato de não sentir – ficar emocionalmente insensível, frio, fechado e não reagir – resulta em uma visão desequilibrada do mundo e dos outros seres humanos. A pessoa que se esforça por controlar e suprimir suas emoções afasta a possibilidade de estar verdadeiramente ligada aos outros. Essa pessoa não é verdadeiramente humana, pois *os sentimentos são o denominador comum da humanidade.*

Como fazer contato

Psicólogos, conselheiros e terapeutas têm dado grande ênfase à importância de se entrar em contato com os próprios sentimentos. O que significa entrar em contato?

Em primeiro lugar, entrar em contato significa tomar consciência dos nossos sentimentos. Entrar em contato com os sentimentos significa familiarizar-se com a nossa vida emocional. E isso significa aprender a aceitar nossa vida emocional como um aspecto natural de nós mesmos, não apenas como algo repugnante para ser temido ou repelido.

Quando não estamos em contato, somos como sonâmbulos, caminhando pela vida em transe, sacudidos vez por outra para um confuso despertar. Medrosos e estonteados, somos oprimidos pelas nossas próprias emoções e desorientados pelas emoções dos outros.

Conhecer a linguagem dos sentimentos é uma das chaves para o autodomínio.

Quando entramos em contato com nossas emoções – quando dominamos a linguagem dos sentimentos –, adquirimos os instrumentos indispensáveis para resolver os problemas emocionais ao longo da vida. A capacidade para resolver esses problemas torna possível o crescimento e o desenvolvimento verdadeiros.

Como vimos, é inevitável que as reminiscências da infância continuem vindo à tona na vida adulta e sejam a fonte de muitos conflitos do adulto. Permanecendo abertos à mudança, abertos para compreender a linguagem dos sentimentos, temos o potencial para crescer. Optando por continuar vivendo como sonâmbulos, despertando esporadicamente uma vez ou outra, nossa energia se dissipa e nós nos tornarmos pouco mais que autômatos, e muito menos que humanos.

A maioria das pessoas tem dentro de si o impulso para caminhar da dependência para a independência e daí para o autodomínio e a liberdade. Vamos ver como a compreensão das emoções nos dá uma nova perspectiva e nos habilita a alcançar nosso potencial como pessoas que pensam, sentem e atuam – seres humanos completos.

LEMBRE-SE: A liberdade está em compreender os sentimentos e ser capaz de agir segundo essa nova compreensão.

Raiva

Raiva é uma palavra que nós usamos para definir uma ampla gama de sentimentos...

- A raiva pode ser tão simples quanto uma pequena irritação.
- Muitas vezes ficamos com raiva quando nos frustramos ou quando nossos planos não se realizam.

- Os aborrecimentos mal podem ser notados a princípio, mas, se eles perduram, podem se transformar numa ira considerável.
- Às vezes, sentimos fúria — que alguns chamam de fúria cega, porque parece incontrolável.
- Sentimos certa raiva quando ficamos decepcionados e deprimidos — geralmente, ela assume a forma de ressentimento.
- Quando estamos com raiva, mas não queremos dar muita importância a isso, usamos um eufemismo: "Estou louco da vida."

A raiva, com freqüência, é a resposta a uma mágoa ou uma perda. Mesmo assim, podemos não reconhecê-la como tal. Por exemplo, se alguém diz: "Eu nunca fico com raiva", é muito provável que essa pessoa não saiba reconhecer a sua raiva; ou está muito consciente dessa raiva e quer negá-la, porque aprendeu que os sentimentos e tudo o que os acompanha são socialmente inaceitáveis, ruins ou desagradáveis. Às vezes, as pessoas querem livrar-se da raiva porque têm medo dela — têm medo de abrir as comportas da torrente de raiva, sair completamente de si e causar algum dano irreparável.

"Tenho de engolir a raiva", explica Gordon, um policial aposentado de 55 anos. "Fui treinado para não perder o controle e, francamente, às vezes me preocupo pensando o que eu faria se o sangue me subisse à cabeça." Ele acrescenta enfaticamente: "Trabalhei com armas a minha vida toda, mas não guardo armas em casa. Qualquer um que trabalhe na polícia lhe dirá que a maior parte dos homicídios ocorrem dentro de casa, e a maioria dos disparos acontece quando as pessoas bebem e se envolvem em brigas de família."

É importante reconhecer o sentimento da raiva porque a raiva é uma emoção *natural*. É normal ficar enraivecido às vezes. A raiva se torna problemática quando, por um lado, fingimos que ela não existe, ou, por outro lado, *usamos* nossa raiva para manipular e intimidar os outros.

Há dois passos para se compreender a raiva:

1. Em primeiro lugar, procure conhecer melhor a sua raiva – em todas as suas variações. Veja como ela o afeta, como sua respiração se acelera e seu pulso vibra. Sinta o fluxo do sangue no rosto e a tensão nas mãos, pernas, pescoço e estômago. Observe como os músculos faciais se contraem, dê uma boa olhada em si mesmo.
2. Aprenda a dirigir sua raiva *de maneira apropriada para as pessoas certas.*

A expressão da raiva é uma reação natural e saudável, e é necessária para conservar a saúde e o equilíbrio. Às vezes, sentir raiva pode ser desagradável. A pressão sangüínea aumenta e o batimento cardíaco acelera. Mas essa tensão precisa ser exteriorizada – e de modo apropriado – ou ela precisa ser reconhecida. Caso contrário, ela pode, em algumas circunstâncias, afetar o organismo e causar irritações. Reprimir a raiva e remoê-la aumenta a dor que a provocou.

Há uma diferença entre uma pessoa que expressa a raiva adequadamente quando é ofendida e uma pessoa que parece estar sempre irritada, pronta para descarregar sua raiva sobre qualquer um. A pessoa irritadiça e mal-humorada geralmente se sente insatisfeita com a vida e culpa os outros pelos seus problemas. Ela usa a raiva como defesa e como justificativa para culpar os outros.

Essa não é uma raiva saudável nem apropriada. A especificidade é uma boa medida de quanto a raiva é ou não apropriada. Ela está vinculada a um acontecimento ou situação que pode ser especificamente descrito.

A atitude autoconfiante evita o comportamento agressivo e protege os direitos e sentimentos da pessoa que o pratica, enquanto a agressão desrespeita os direitos e sentimentos dos outros.

Muita gente gostaria de tornar-se mais autoconfiante, mas não se dá conta de que a autoconfiança é uma habilidade. E às vezes confundem autoconfiança com agressão. O que é uma atitude autoconfiante?

1. Dizer a alguém que você está com raiva, e por quê. Comunicar a raiva com o verdadeiro sentimento que está por trás das palavras. Não ser evasivo, cheio de explicações ou submisso quando a emoção que você sentir for raiva. Ao mesmo tempo, não explodir nem tornar-se irracional.
2. Nas situações em que não é seguro expressar a raiva, você pode expressar os sentimentos reprimidos com um amigo ou terapeuta treinado para facilitar esse desabafo. É importante reconhecer corretamente a situação para que as palavras, os gestos e os sons sejam veículos eficazes de liberação.

Nota: Chutar o cachorro, correr trinta quilômetros por dia ou mudar constantemente os móveis de lugar *não* são atitudes apropriadas.

Aprender a identificar a raiva é uma parte importantíssima do processo de crescimento e de cura. Muitas pessoas, lamentavelmente, dizem que estão com mágoa, tristeza ou culpa, quando na verdade o que sentem é raiva.

O apego à raiva pode manter as pessoas deprimidas, cansadas, magoadas, frustradas, confusas, isoladas e amedrontadas. E ruminar amargamente injustiças, mágoas e conflitos do passado é um hábito que abrange uma grande quantidade de energia que poderia ser utilizada para promover o crescimento pessoal.

A longo prazo, a raiva reprimida produz a ira. A ira se torna mais generalizada à medida que cresce, enquanto a raiva é mais específica, mais fácil de se comunicar e mais fácil de se curar. Um dos benefícios da expressão honesta da raiva é o fato de que, geralmente, a pessoa passa a sentir alívio, ser mais compreendida e às vezes ser mais aceita. Quando expressada de modo apropriado, a raiva pode realmente abrir caminho para a intimidade.

Contudo, a raiva que é expressa de forma dissimulada, ambígua ou velada pode agravar uma situação. Vejamos, por exemplo, o caso de Hank e Celia, um jovem casal que está casado há dois anos. Quando era solteiro, Hank se encontrava regularmente com os dois irmãos mais velhos em um restaurante, todo sábado pela manhã, para tomar café e conversar. Depois do café, eles iam a um jogo de bola ou a uma feira de carros. Esse ritual de todo sábado de manhã continuou depois que Hank e Celia voltaram da lua-de-mel.

Como se poderia esperar, as escapadas de Hank aos

sábados não agradaram Celia. Tanto ela como Hank trabalhavam em período integral e os finais de semana eram o único tempo de que dispunham para dedicar-se um ao outro. Por amar Hank e gostar de sua companhia, ela queria passar a maior parte possível do tempo com ele – conversando, brincando e fazendo amor. Ela também queria alguém que a ajudasse no serviço doméstico...

Ao ver que Hank continuava a passar todo sábado de seis a oito horas com os irmãos, Celia sentiu-se com raiva, magoada, desprezada e enciumada. Parecia-lhe que Hank ligava mais para os irmãos do que para ela.

Como se pode ver, a situação estava prestes a explodir. Celia havia aprendido com a família que a raiva era uma emoção perigosa, que nunca devia ser expressa diretamente até que a situação se tornasse intolerável a ponto de ser enlouquecedora. Então, como é que Celia expressava sua raiva? Ela resmungava, reclamava e fazia comentários sarcásticos.

Em vez de dizer a Hank que se sentia sozinha e que queria passar mais tempo com ele porque o amava, dizia coisas como: "Pelo visto, você vai sair outra vez com seus irmãos..." – em um tom que indicava sua completa desaprovação.

Ela reclamava do dinheiro que ele gastava, fazia comentários desagradáveis sobre os irmãos dele e insinuava que ele era fraco demais para se desligar da família.

Quando essas táticas falhavam e não conseguiam manter Hank em casa, Celia ficava aborrecida, chorava e isolava-se num silêncio raivoso. Para descontar sua raiva em Hank, ela começou a recusar as investidas sexuais do marido nas noites de sábado.

E como Hank respondia? Ele pagava na mesma moeda. Quando ela resmungava e reclamava, ele se tornava provocador e indiferente. Um abismo de ressentimento cresceu entre eles.

Desesperada para melhorar seu casamento, Celia buscou aconselhamento. Ela aprendeu uma forma melhor de expressar sua raiva. Em vez de expressá-la com lágrimas, sarcasmo ou retraimento, aprendeu a reconhecer a verdadeira natureza daquilo que sentia e a expressar seus sentimentos com tato e sem acusações.

Como a maioria de nós, Celia havia aprendido a acreditar que um confronto direto sempre tinha de ser sério, desagradável e negativo. Mas *não precisa ser desse jeito*. Um confronto – mesmo um confronto com raiva – pode ser uma afirmação criteriosa, desapaixonada e amorosamente firme, feita a alguém com quem nos importamos. Nossa meta é expressar o que sentimos, conservar o respeito por nós mesmos e não arrasar a outra pessoa. Queremos mostrar como um certo comportamento está causando problemas, oferecer soluções possíveis e expressar nossa disposição de tornar essa mudança mais fácil.

Em vez de acusar sarcasticamente Hank de ser um perfeito imbecil que não ligava para os seus sentimentos, e que ainda precisava da aprovação dos irmãos mais velhos para se sentir homem, Celia disse: "Estou com raiva porque...", e ela então falou ao marido sobre seus sentimentos de solidão e isolamento. Ela garantiu que o amava e que não queria separá-lo completamente de seus irmãos, mas gostaria de passar pelo menos dois sábados do mês com ele.

O que eles fariam? Conversar, passear no parque, ver TV, limpar a casa, fazer amor ou visitar a família dela para variar. Poderiam revezar. Acima de tudo, ela queria que ele soubesse que ela gostaria de passar mais tempo com ele porque apreciava sua companhia.

Como Hank reagiu? A princípio, ficou na defensiva. Ele estava esperando as velhas acusações. Mas Celia não reagiu negativamente quando Hank se indispôs. Reafirmou claramente suas preocupações e, imediatamente, deu-lhe exemplos específicos e não exigiu que Hank se submetesse por completo aos seus desígnios.

O casamento de Hank e Celia está muito melhor agora. Hank diz: "Eu sempre soube que Celia ficava chateada com o tempo que eu passava com meus irmãos, mas sempre pensei que fosse porque ela era ciumenta, egoísta e possessiva. Acho que não percebi o quanto ela realmente ligava para mim até que ela parou de resmungar."

Aprender a expressar abertamente tanto os sentimentos negativos de raiva como os sentimentos positivos de amor ajudou a criar a intimidade pela qual Celia tanto ansiara.

Acabar com a raiva e a fúria geralmente implica quebrar aqueles padrões da infância que dizem: "Você tem de reprimir os sentimentos, e nunca expressá-los claramente." Expressar a raiva ajuda a pessoa a se "desbloquear" e a se abrir para outros sentimentos.

Impedimentos à expressão da raiva

1. As pessoas dependentes têm medo de que, mostrando-se zangadas, serão indignas de amor. Têm medo de que as pessoas venham a rejeitá-las ou abandoná-las. Elas agem com indiferença e tendem a queixar-se e reclamar em vez de mostrar sua raiva e usar essa energia construtivamente para chegar a uma re-

solução. Essas pessoas desperdiçam muita energia e geralmente se sentem deprimidas ou apáticas.

2. As pessoas controladoras tendem a racionalizar a raiva e a destituí-la de todos os sentimentos. Elas confundem as questões, examinam todos os pontos de vista e explicam ou fogem da raiva, em vez de senti-la. Acumulam tamanha raiva que por fim explodem de maneira irracional. O medo que têm de "perder o controle" é, em geral, justificado, uma vez que quase não apresentam uma expressão saudável da raiva.

3. Aqueles que estão sempre tentando agradar aos outros são pessoas que geralmente reprimem a raiva. Eles insinuam estar com raiva, sorrindo o tempo todo com os dentes cerrados. Em geral, os sentimentos se manifestam em forma de problemas físicos. Dores de cabeça, tensão muscular e má digestão são todos sinais de raiva reprimida.

Dicas para expressar a raiva de forma saudável

1. Ficar em silêncio e deixar que todos os sentimentos de raiva aflorem...
2. Dar valor e apreciar a si mesmo, por ser capaz e querer sentir a verdade sobre a raiva que você sente...
3. Expressar o sentimento de raiva tão honesta e imediatamente quanto possível à(s) pessoa(s) certa(s)...
4. Apreciar a si mesmo mais uma vez por ser honesto e direto...

Culpa

A culpa é o sentimento que aflora quando nos sentimos desprezíveis, estúpidos, errados e arrependidos. Freqüentemente, a culpa resulta do fato de reprimir a raiva a ponto de fazê-la se voltar contra nós mesmos. As pessoas que se culpam demais costumam ficar remoendo seus sentimentos negativos como forma de castigar-se e obter algum alívio da culpa que sentem. Um traço característico da pessoa culpada, semelhante ao da pessoa com raiva, é que ela tem difi-

culdade de dirigir seus sentimentos para a fonte da raiva há muito contida. À medida que o tempo passa, a pessoa duvida de seu valor e direciona cada vez mais energia negativa para si mesma, reforçando os sentimentos de culpa.

Isso ocorre sobretudo quando existem relacionamentos conflituosos entre as pessoas ou em família. Em certo momento, a pessoa pode resolver pôr fim ao conflito e mudar ou buscar ajuda. Isso pode acontecer quando a pessoa procura aconselhamento ou um alcoólico busca tratamento. Essa tentativa de buscar ajuda e acabar com o conflito é algo que põe em risco todos os ardis e desonestidades na família ou no relacionamento.

Quando a pessoa que está buscando ajuda começa a

mudar e passa a cultivar seu amor-próprio, aquelas que não optaram por obter ajuda ou por mudar sentem-se ameaçadas. Elas freqüentemente culpam o conselheiro ou o terapeuta pelas mudanças ocorridas no outro e o acusam por não estar se importando com elas, ou não estar disposto a entrar nas mesmas lutas destrutivas por poder.

Às vezes, a pessoa que buscou ajuda está tão desacostumada a sentir-se bem consigo mesma que se sente culpada quando é acusada. É importante saber que esses sentimentos não são verdadeiros sentimentos de culpa. São, na realidade, sentimentos de "culpa de recuperação", também chamados de "raiva". É tão assustador ficar com raiva por causa do crescente amor-próprio que a tentação é evocar esse sentimento de culpa. Esse sentimento precisa ser corretamente rotulado como raiva e expresso como tal... Toda pessoa disposta a lutar pelo amor-próprio merece obtê-lo, junto com todas as coisas boas que dele advêm.

Toda Pessoa Disposta a Lutar pelo Amor-Próprio Merece Obtê-Lo, Junto com Todas as Coisas Boas que Dele Advêm.

Os sentimentos de culpa podem nos dominar e fomentar dentro de nós energias negativas, castigando-nos de forma confusa, ilógica e descontrolada. Nossa memória então se torna seletiva, concentrando-se apenas nas ocasiões em que desrespeitamos um valor mais elevado ou que infligimos dor ou sofrimento a alguém.

A lembrança das antigas realizações e virtudes torna-se vaga, mais difícil de vir à memória, ao passo que as transgressões permanecem nítidas e vivas na mente. Ao evocar apenas a culpa, nós continuamos a nos sentir mal com relação a nós mesmos. Parecemos ficar dependentes e viciados em trabalhos não gratificantes, relacionamentos problemáticos e situações infelizes.

Duas situações especialmente parecem provocar em nós a culpa: quando sentimos raiva dos nossos pais e/ou filhos. De alguma forma, esses dois grupos parecem gerar em nós uma boa dose de ansiedade e de incertezas ao lidar com os sentimentos de raiva. É importante lembrar que há ocasiões em que a raiva saudável é o sentimento mais apropriado para se expressar com pais e filhos.

Quando deixamos que a raiva aflore de modo saudável, ensinamos aos nossos filhos o respeito e os limites. Respeitando-nos e estabelecendo limites sobre como queremos ser tratados, ensinamos aos nossos filhos que eles também têm o direito de estabelecer limites. À medida que ensinamos nossos filhos a expressar, a receber a raiva e a aprender com ela, assentamos a base de como nos tratar uns aos outros como adultos e de como crescer cultivando uma amizade madura uns com os outros.

Os pais são uma questão à parte. Às vezes, criamos o mito de que nossos pais estão sempre certos, sempre nos aceitarão e haverão de saber o melhor sobre a maioria das coisas. Contudo, a realidade é que os pais – todos os pais – são simplesmente pessoas que por acaso tiveram filhos.

Repita:

Os pais são simplesmente pessoas que por acaso tiveram filhos

E esse fato, por si só, não garante que eles sejam mais responsáveis, mais sábios ou mais protetores que as pessoas que não tiveram filhos.

Uma pessoa que não aprendeu na infância que a raiva é uma expressão saudável geralmente se sente culpada na idade adulta por expressar sentimentos naturais de raiva diante dos pais. Essa pessoa, quando adulta, em geral nutre ressentimentos com relação aos pais, pois vê que eles negaram amor e amparo quando ela mais necessitava deles.

A raiva que não podia ser expressa na infância ainda busca expressão e, mesmo como adulta, a pessoa ainda tem medo de fazer algo por si mesma, devido à sensação de que estaria dando vazão a sentimentos não-filiais que só aumentam a culpa. Se alguém vive com um medo constante de ferir os sentimentos dos pais, a vida se torna a repetição dolorosa de uma infância confusa, e isso afeta todos os outros relacionamentos da pessoa, que tem medo de expressar a raiva ou a mágoa.

É muito importante encorajar a resolução da raiva entre a criança e os pais, porque o medo e a raiva *não-resolvidos* de nossos primeiros relacionamentos vão afetar as relações adultas no presente – quer saibamos disso ou não.

É também importante reconhecer que existe o que se chama de culpa adequada. Esse tipo de culpa é saudável e é um sinal de que ofendemos ou prejudicamos outra pessoa ou a nós mesmos, de alguma forma.

A culpa adequada nos incomoda, até conseguirmos nos justificar ou pedir desculpas à pessoa que prejudicamos. Negar a responsabilidade por ter magoado alguém só faz reforçar a culpa. A melhor forma de obter alívio é aceitar a culpa por suas ações, desculpar-se e reparar o dano que você fez. Essa sempre foi uma boa forma de amenizar a tensão interior e fazer com que todos, incluindo você mesmo, se sintam melhor.

Negar a Responsabilidade por Ter Magoado Alguém só Faz Reforçar a Culpa. A Melhor Forma de Obter Alívio é Aceitar a Culpa por suas Ações, Desculpar-se e Reparar o Dano que Você Fez.

Romper com o hábito vitalício de se culpar é difícil, mas não tão difícil quanto continuar a viver uma vida marcada pela culpa.

Consideremos o caso de Carol. Carol, uma jovem de vinte anos de idade que tentava progredir em sua carreira, sentia-se culpada toda vez que tentava deixar a casa dos pais. Ao mesmo tempo, ela se sentia presa. Estava física e emocionalmente atada aos pais. Sua mãe era "doente" e o pai a considerava como a sua "princesa".

À medida que Carol foi ficando mais velha, passou a ansiar por um relacionamento e por livrar-se das pressões e necessidades dos pais. Por fim, conseguiu se mudar para outra cidade, mas só depois de muitas reuniões lacrimosas com seus pais.

Carol mudou-se para um lugar a 1.200 km de distância, mas a culpa permaneceu. Mamãe necessitava da ajuda de Carol, de seu apoio e companhia. Papai precisava que Carol fosse o esteio da casa e também ajudasse a mãe. Muito embora Carol estivesse tão longe, ela ia para casa pelo menos uma vez por mês e respeitosamente ligava para casa a cada dois ou três dias.

Os homens com quem Carol se envolvia ficavam no fim de sua lista de prioridades. Ela tinha outras obrigações, outras exigências para com seu tempo e suas emoções.

Depois de perder o terceiro namorado, Carol foi fazer

terapia. Foi quando ela aprendeu que havia perdido grande parte da infância, que estava envolvida demais com o casamento dos pais e que, de certo modo, estava sendo usada emocionalmente por eles. Para se desenvolver como pessoa, ela precisava ter seu próprio tempo e espaço e manter distância. Mas quando tentou obter aquilo de que precisava, sentiu-se emocionalmente punida pelos pais.

Aos poucos, Carol desenvolveu uma idéia de suas próprias necessidades e tornou-se consciente de que os pais tinham a responsabilidade de preencher as necessidades um do outro.

Carol mudou-se novamente, dessa vez para uma cidade da Nova Inglaterra que ela sempre quisera conhecer. Antes de partir, Carol explicou aos pais por que tinha necessidade de estar tão longe. Também estabeleceu limites para os contatos com eles.

Com uma boa dose de coragem e livre da culpa, Carol começou a viver sua própria vida.

Dicas para livrar-se da culpa doentia

1. Pare de fingir para si mesmo e para os outros que você não sente ou que seus sentimentos não contam...
2. Lembre-se de ser sempre honesto com suas próprias necessidades. Você não é obrigado a atender às necessidades dos outros. Isso é obrigação deles. Você deve lealdade para consigo mesmo.
3. Lembre-se, só você pode saber o que é melhor para si. Você não precisa seguir os padrões de ninguém ou atingir expectativas que não sejam as suas próprias.

O Meu Caminho é o Meu Caminho

4. Acredite em si mesmo e nos seus sentimentos, e aceite-se exatamente como é. Você é muito bom tal como é.
5. Honestamente, pergunte a si mesmo...
   O que você quer para si mesmo nesta vida???
   O que vai fazer para conseguir isso???
   O que o está impedindo???
   Quem colocou esse obstáculo aí???
   Por que você esperou uma crise para forçá-lo a agir???
   Para onde você vai agora???

Lembre-se deste fato essencial:

Ninguém manda em você – não importa qual seja o seu relacionamento. Você não está nesta terra para atender aos sonhos, gostos ou desejos de seu pai, do parceiro ou de um filho. Você também não tem obrigação de proteger qualquer pessoa de encarar suas próprias conseqüências e realidades. Você está aí para viver, para se desenvolver, crescer e ser responsável por si mesmo. No quadro geral das coisas, seria bom que você também contribuísse para tornar este mundo um lugar melhor para viver porque você passou por aqui.

A vergonha

A vergonha é diferente da culpa. A culpa é uma ofensa específica e cometida contra si ou contra os outros. A vergonha, por outro lado, é uma generalização não muito clara. É o sentimento de ser insignificante, de não ser tão bom quanto as outras pessoas. Nas famílias em que a vergonha é uma constante, as pessoas se sentem como se a existência delas simplesmente não importasse. Ela não é necessariamente boa ou má. Ela simplesmente não é importante. Quando sentimos vergonha, não há realmente nada que possamos fazer. Simplesmente sentimos que não significamos nada e que nada faz a menor diferença.

Às vezes, as pessoas usam as instituições para reforçar a vergonha. Igrejas, escolas, autoridades tornam-se um símbolo do que é bom e apropriado, e as pessoas passam a considerar essas autoridades como sendo boas e elas mesmas como más, caso não atendam aos critérios da autoridade. A vergonha é uma atitude e uma situação de impotência. A vergonha não pode ser curada. Ela só pode se transformar em culpa e, então, a culpa pode possibilitar uma mudança de comportamento.

As atitudes mencionadas a seguir demonstram que a pessoa sente culpa por:

- Mentir para um amigo.
- Embriagar-se e sofrer um acidente de carro.
- Roubar dinheiro dos pais.
- Brigar constantemente com o parceiro.
- Ignorar as necessidades dos outros.

A vergonha é um sinal de pouca auto-estima. A culpa é uma reação a um acontecimento. A culpa que se acumula (não-expressa) converte-se em vergonha. Em vez de a pessoa se sentir mal com algo que aconteceu, esses sentimentos se acumulam até que os acontecimentos sejam esquecidos e a pessoa passe a se considerar uma pessoa má. Por exemplo, se uma pessoa se sente culpada por nunca ter ido visitar a família e os velhos amigos, acaba se sentindo a "ovelha negra" da família. Esse sentimento é a vergonha.

Às vezes, a pessoa opta por não seguir a religião da família e se sente "mal" por causa disso. Ou uma mulher engravida sem ser casada e faz um aborto – e, como conseqüência, sente-se uma "pessoa má".

Eis alguns casos típicos de vergonha.

A vergonha está ligada aos sentimentos de desvalor. A pessoa...

- Acha que é baixinha.
- Não se considera tão esperta quanto os outros.
- Não se acha atraente.
- Acha que não tem muita importância.
- Sente-se indesejável.
- Acredita que é pouco inteligente.

A depressão

A depressão, como a culpa, geralmente ocorre quando nossa raiva se volta contra nós mesmos. É preciso energia, responsabilidade e entusiasmo para fazer do mundo um lugar bom de se viver. A pessoa que está "fervendo de raiva" tem muito pouca energia saudável para dar a si mesma, aos outros ou ao mundo. Quando uma pessoa feliz e uma pessoa deprimida olham o mesmo objeto, uma vê o que há de melhor nele e a outra vê o que há de pior. A pessoa deprimida vê, nos outros e no mundo, um reflexo de como ela se sente interiormente. Essa pessoa tende a se concentrar nas pessoas que perdeu, no vazio interior, nos sonhos não-realizados, nos problemas, nas insignificâncias. A energia se volta contra ela mesma.

Eis dois dos exemplos mais comuns:

- O Natal está chegando. Ken e Martha estão ansiosos para ver seus cinco filhos. Uma semana antes do grande dia, uma filha liga para dizer que não poderá ir à casa dos pais no Natal. Ken aceita essa mudança nos planos com certa decepção, mas se conforma. Martha, porém, se exalta, esbraveja e chora durante o jantar de Natal por causa da única filha que não pôde estar ali. Martha faz com que todos se sintam mal e põe fim aos bons sentimentos do resto da família.
- Steve quer que seu pai:
  — o abrace
  — se interesse pela sua carreira
  — aceite-o e goste da mulher que escolheu como esposa

Com o tempo, o pai aceita Steve e a mulher e se interessa pela carreira dele. Todavia, Steve diz que não é amado porque o pai ainda não se dispõe a abraçá-lo.

Steve e Martha tendem a ficar tristes e a se sentir mal-amados porque não podem ter exatamente o que querem. Com a decepção, não aproveitam aquilo que eles já têm.

As pessoas que sofreram perdas sentem uma tristeza normal e saudável. Essa tristeza mistura-se à raiva que elas expressam. Às vezes, há até mesmo uma expressão saudável de pesar. Os que perdem algo mas não passam pelos estágios normais de raiva (expressa) e pesar (expresso) acumulam acontecimentos. Os sentimentos reprimidos de raiva e pesar se transformam em depressão generalizada.

Depois de um tempo, a pessoa até se esquece do acontecimento original e só sabe que está deprimida. Quanto mais tempo passa, mais distantes se tornam os acontecimentos e mais difícil é encontrar uma solução e voltar a ter aquela energia saudável e cheia de vida.

Irradiar energia para o ambiente é o primeiro passo para enfrentar a depressão. Por algum tempo, basta prestar atenção a essa energia do corpo. Assuma o compromisso de manter o corpo em movimento e de redespertá-lo no que se refere às atividades, aos padrões de sono e ao envolvimento com as pessoas. À medida que o corpo volta a usar parte da energia que extravasa, a pessoa se sente revitalizada. Quando o corpo volta a se ressentir, é importante procurar por indícios de culpa ou raiva. Começar a expressar até mesmo os menores sentimentos de raiva ou irritação tornará a pessoa deprimida mais desperta.

Uma depressão menos grave pode melhorar com mudanças simples no corpo, e quando a pessoa deprimida se dispõe a falar sobre sua irritação e desapontamentos. Quanto mais profunda for a depressão, mais a pessoa precisará de alguém que a ajude a demonstrar a raiva e a culpa que tem tentado evitar com tanto empenho.

Entretanto, é preciso ter em mente que algumas formas de depressão têm origens bioquímicas e podem resultar de cuidados precários com a saúde — tais como subnutrição devida a hábitos alimentares pouco saudáveis (comer demais ou em quantidade insuficiente, comer alimentos inadequados), vício em cafeína, um estilo de vida sedentário, *stress* e assim por diante.

Além disso, algumas pessoas têm predisposição genética para a depressão e ficam deprimidas por causa de disfunções dos neurotransmissores ou por causa das flutuações sazonais da luz. Uma vez que se excluam essas formas de depressão, podemos concentrar-nos na depressão de origem psicológica, na depressão causada pela raiva.

Uma das soluções para a depressão causada pela raiva é descobrir e desencadear a raiva que faz a pessoa se retrair. A expressão dessa raiva pode ajudar a acabar com a depressão.

Advertência: Demonstrar os sentimentos não os elimina automaticamente. Em outras palavras, exprimir sua raiva para o universo pode fazer com que você se sinta melhor durante algum tempo; mas o simples fato de demonstrar sentimentos não é uma panacéia, não é a solução para a depressão.

O que parece ser mais útil é ter alguém — uma presença terapêutica — que possa ouvir você falar sobre a sua depressão sem menosprezá-la; alguém que possa identificar a raiva, se ela existir, ou que possa ensiná-lo a cuidar melhor de si mesmo, se for o caso; alguém que esteja suficientemente familiarizado com a depressão para poder dizer se você está apenas melancólico, se teve uma reação alérgica, um efeito colateral de algum medicamento, um distúrbio sazonal de ordem afetiva, TPM ou outras disfunções hormonais.

O conhecimento e a manifestação dos sentimentos não vão fazer a depressão desaparecer automaticamente. Muitas vezes, as pessoas aprendem a dar vazão aos sentimentos, aprendem a expressar a raiva, o medo e o ressentimento e têm lampejos intuitivos. Mas nada parece mudar em sua vida. Talvez seja preciso algo mais, ou seja, a expectativa de o indivíduo *fazer algo*, além de se emocionar e ser verdadeiro na terapia. Sem essa expectativa, as pessoas com problemas podem tornar-se facilmente 'lixo' terapêutico, hábeis usuários do jargão médico, peritos em expressar emoções (Você quer raiva? Eu fico com raiva... Grrr!) (Você quer lágrimas? Você as terá... [som de choro]) e capazes de dar profundas explicações sobre o porquê de fazer isso ou o porquê de se sentir assim.

Pense nisto: Quando um terapeuta encoraja a expressão das emoções, às vezes pressupõe-se que as outras pessoas reagirão de forma compreensiva e amorosa. Na verdade, é mais provável que aconteça o contrário. Em algumas situações, pode não ser aconselhável expressar as emoções; pode não ser seguro; pode não ser uma atitude discreta, e discrição, como nos lembra Falstaff, de Shakespeare, pode ser a melhor parte da coragem.

A tristeza

A tristeza é uma reação normal à perda. Quando sofremos uma perda significativa, todo um leque de sentimentos acompanha essa perda: raiva, mágoa, culpa, terror, vazio, desânimo. A tristeza é a aglutinação dos sentimentos que costumam acompanhar a perda de algo ou de alguém importante. Pode-se tratar da perda de uma pessoa, tal como na morte, no divórcio; ou na separação de alguém que nos é caro.

Ou podemos sentir tristeza com

- A perda da infância (a criança que cresce em um lar onde as necessidades emocionais, e às vezes físicas, não foram atendidas, como, por exemplo, numa família em que há casos de alcoolismo).
- A perda da saúde (alguém que se defronta com o diagnóstico de uma doença).
- A perda de um sonho (descobrir que seu filho não vai corresponder aos sonhos que você tinha para ele).
- A perda de uma esperança (a promoção que simplesmente não vai acontecer).

Em suma, existem muitas causas para a tristeza natural e normal.

Entristecer é normal. Uma tristeza doentia seria recusar-se a ter todos os sentimentos que acompanham o processo de perda ou recusar-se a aceitar o apoio oferecido. Para superar a tristeza, é necessário deixar que todos os sentimentos aflorem e então expressá-los. Este é um processo pelo qual admitimos a realidade da perda, e então procuramos meios de viver sem o que perdemos, em vez de nos preocupar, e aos que nos rodeiam com uma constante referência à perda que sofremos. Superar a tristeza é uma tarefa difícil. Depende do desejo de viver como um ser humano íntegro, criterioso e responsável, não importa o quanto tenhamos sofrido ou o quanto amávamos aquilo que perdemos.

Como vimos, a perda e a tristeza têm muitos aspectos. Felícia, uma dona de casa de quarenta anos, teve que superar diversas perdas e tristezas em um período de tempo muito curto. O marido a deixou para ficar com outra mulher, o que a fez enfrentar um divórcio, as dificuldades de viver sozinha, a renda reduzida – todo o tempo sentindo-se como se um membro lhe tivesse sido arrancado do corpo – dezessete anos de casamento, de lembranças boas e más.

"Foi um golpe", disse ela ao seu conselheiro. "Às vezes, eu sentia que seria melhor se eu estivesse morta."

Mas Felícia teve coragem de encarar suas perdas e seguir em frente. Não foi fácil. Teve de conseguir novos amigos, um trabalho e, o que talvez tenha sido o mais difícil – teve de dar uma boa olhada nela mesma, fazendo um inventário honesto e destemido, de forma que pudesse vencer a tristeza, a raiva e o ressentimento e continuar fazendo algo positivo por si mesma.

Vamos aprender a viver no presente, aceitando a vida como ela é, abrindo-nos para as experiências do mundo. Faremos tudo isso, muito embora tenhamos sofrido perdas.

Nós nos desligamos do passado para dar lugar ao presente. Não nos desligamos, no entanto, até que tenhamos assumido a responsabilidade de expressar nossos sentimentos sobre ele. Então é que nos entendemos com esse passado. Percebemos que existem muitas pessoas a nossa volta que nos ajudarão, se procurarmos ajuda. Paramos de rejeitar o mundo só porque não podemos fazer exatamente o que queremos. Desistimos da infância emocional e acabamos descobrindo a maturidade emocional e uma sensação de bem-estar e satisfação.

A vida é uma cesta bem sortida e todos nós sofremos algumas perdas:

... Uma infância feliz
... O vigor físico e a saúde da juventude
... A fantasia de ser poderoso e de viver para sempre
... Segurança financeira
... Filhos deixando a casa dos pais
... Às vezes, um amor que se vai e não volta
... Um trabalho de que realmente gostamos
... Divórcio

Algumas perdas ocorrem muito cedo e outras parecem injustas, mas a vida é, em parte, aprender a superar as perdas e refletir sobre aquilo que consideramos uma injustiça. Em última análise, decerto, a própria vida se perde.

A tristeza, portanto, não é uma fraqueza nem um castigo. A tristeza é um fato psicológico e emocional da vida. Aprender a adaptar-se a ela e vencê-la é uma necessidade. A tristeza é uma emoção que merece respeito, pois tem seu valor. Aceitar a tristeza é um processo terapêutico.

A tristeza propicia novas descobertas e sabedoria. Você começa a ver o que é importante e o que não é; passa a perceber energia nos seus sentimentos. Essa consciência de si mesmo o ajuda a crescer rumo à totalidade e a chegar a uma compreensão mais profunda de si mesmo.

Com Elisabeth Kübler-Ross, aprendemos sobre os estágios naturais do processo de tristeza:

1. Rejeição (Isso não pode estar acontecendo comigo).
2. Raiva (Por que eu? Por que agora?).
3. Barganha (Talvez se eu tentasse mais, quem sabe se eu mudasse, isso não estaria acontecendo).
4. Depressão (Desânimo e entrega).
5. Aceitação (É assim que as coisas são, eu aceito e encaro o que está acontecendo).

Ao longo desses estágios, ocorrem muitos tipos de mudanças físicas, que também são normais. São elas:

- Aperto no peito
- Respiração acelerada
- Dores de cabeça
- Perda do apetite
- Sonolência

Com o tempo, se os estágios de tristeza são encarados e sentidos, a aceitação leva à cura interior. Sempre haverá alguns sentimentos de tristeza e perda, mas esses sentimentos serão integrados em nossa realidade, e não irão controlar nosso comportamento e níveis de energia. Começaremos a viver de novo.

Prontos para viver outra vez, percebemos o fato de que não voltamos ao "nosso velho eu". Depois de sofrer uma perda significativa, passamos a ser uma pessoa diferente. Dependendo da forma como reagimos a essa perda, nos tornamos mais fortes ou mais fracos, mais saudáveis de espírito ou mais doentios.

Se não passamos por todos os estágios da tristeza e não aceitamos a ajuda de que necessitamos, muitas batalhas interiores terão ainda de ser travadas. Outras pessoas que dominaram a tristeza de forma saudável entendem que, embora tenham sofrido uma grande perda, nem tudo lhes foi tirado. Elas se dão conta de que a vida não será a mesma novamente, mas que muitas coisas boas da vida permanecem — os bons relacionamentos e a infinita riqueza da própria vida.

Por fim, as nuvens negras começam a se dissipar e, por uns breves momentos, brilham os raios do sol.

Existem muitos outros sentimentos dolorosos que poderíamos analisar. Os sentimentos a seguir são, muitas vezes enterrados no fundo do coração. Reserve alguns minutos para ler esta lista de sentimentos e deixe que seus próprios pensamentos e sentimentos venham à tona...

- Ciúme
- Ódio
- Mau humor
- Frustração
- Melancolia
- Preocupação
- Constrangimento
- Desânimo

Firme consigo mesmo o compromisso de livrar-se da velha bagagem emocional, para que possa então deixar de lado o comportamento que mantém esses sentimentos adormecidos ou reprimidos.

E, sobretudo, lembre-se

Os sentimentos são o denominador comum da humanidade

e

Compreender a linguagem dos sentimentos é essencial para se ter autodomínio, independência e liberdade.

CAPÍTULO QUATRO

Inimigos da Auto-Estima

A caminhada rumo a um nível satisfatório de amor-próprio começa da mesma maneira para todos. Temos de nos perguntar honestamente:

- O que eu sinto?
- Por que me sinto assim?
- Eu já me senti assim antes?
- Que acontecimento ou pessoa está ligado a esse sentimento?
- No passado, como eu me comportei diante desse sentimento?

- O que eu posso fazer agora com relação a esse sentimento?

O caminho para um nível mais elevado de amor-próprio é tornar-se mais consciente dos seus próprios sentimentos e expressá-los de forma direta e apropriada. Só você conhece a pessoa – a criança interior – que existe dentro de você. Sua meta é libertar essa criança. Para isso, você deve ser impiedosamente honesto consigo mesmo. Deve abrir-se à linguagem dos sentimentos – os seus e os das outras pessoas. Ao fazer isso, você se torna responsável por todos os aspectos do seu eu, por todas as dimensões da sua personalidade, que é única. Você põe fim à fragmentação do eu alienado e se torna uma pessoa inteira, plenamente integrada. Você tem a satisfação de conhecer de fato quem você é. Nesse processo de crescimento e de conscientização, você se vê livre da bagagem emocional e dos assuntos mal-resolvidos, livre do passado que obstrui a sua vida. Você fica livre para gostar de si mesmo sem explicações ou justificativas; e tem um forte sentimento de auto-estima firmemente baseado na confiança em si mesmo e no autoconhecimento.

No papel, tudo isso parece muito fácil. Na realidade, freqüentemente deparamos com barreiras e abismos em nossa caminhada rumo à auto-estima. E os principais obstáculos são um resultado do nosso próprio comportamento, dos próprios atos e das compulsões psicologicamente nocivas. Ao remediar, evitar ou fugir de nossa dor emocional, tornamo-nos fugitivos da vida. Em vez de avançar rumo à auto-realização, ficamos atolados num comportamento que nos impede de crescer.

O álcool, a cocaína e outras substâncias químicas

O álcool e outras substâncias químicas que alteram o humor são, por excelência, sedativos do sentimento. Eles proporcionam a quem os consome mudanças previsíveis no humor. Muitos fatores influenciam o nosso humor: o tempo, os filmes, a igreja, a poesia, o noticiário, os desenhos animados, uma pizza, etc. Mas nada altera o ânimo tão depressa e de forma tão previsível quanto o álcool e outras substâncias químicas — quer sejam medicamentos prescritos por um médico como Valium, Tranzene e Librium, quer sejam drogas proibidas e usadas para alterar o comportamento como a maconha, PCP (phencyclidine hydochloride), anfetaminas e cocaína. Há um mercado enorme para os controladores químicos do humor.

Para muitos norte-americanos (talvez um terço da população), o consumo regular do álcool é um hábito cultural muito arraigado. Para muitos o álcool – a "droga doméstica" – propicia uma mudança de humor de forma barata, agradável e cômoda.

Uma das mais desejadas mudanças provocadas pelo álcool é a sensação de calor e descontração. Para a pessoa que toma bebidas alcoólicas, essas mudanças às vezes não são tão importantes, porque ela tem meios de relaxar sem a droga.

Todavia, para outro grupo de pessoas (cerca de um em cada sete), o álcool é altamente valorizado, pois ele lhes proporciona coisas maravilhosas. Essas pessoas adoram a sensação que a bebida proporciona. O álcool se torna indispensável quando a pessoa estabelece um "caso de amor" com a bebida, e se sente muito melhor quando está sob o efeito do álcool do que nos momentos que passa sem ele.

Esse "caso de amor" também ocorre com o uso da cocaína, de medicamentos que alteram o humor e com outras drogas. Com o tempo, a sensação agradável que advém do uso dessas substâncias químicas se torna cada vez mais importante para o usuário e passa a haver a dependência. A liberdade de escolha dá lugar a sensações de forte urgência em apreciar mais uma vez as recompensas prazerosas do consumo das drogas. As sensações boas que ocorrem naturalmente são menos procuradas, à medida que se buscam as sensações boas que as substâncias químicas garantem.

No livreto *The Romance: A Story of Chemical Dependency*, o dr. Joseph R. Cruse descreve os principais fatores que levam uma pessoa a desenvolver a dependência química: um hospedeiro suscetível, um agente tóxico, venenoso e um ambiente permissivo. "O mecanismo básico pelo qual o alcoolismo ou outra dependência química se desenvolve em uma pessoa suscetível ainda não é conhecido", escreve o dr. Cruse. "Mas uma espécie de *romance* se estabelece entre o *agente* e o *hospedeiro* quando as substâncias químicas naturais do cérebro de uma pessoa suscetível se combinam com certas substâncias químicas (drogas) que alteram o raciocínio e o humor, tais como o álcool. Um caso de amor se inicia..."

Para a pessoa que nunca soube cultivar sentimentos positivos e prazerosos de forma natural, as substâncias químicas às vezes propiciam os primeiros sentimentos bons que ela já experimentou. A idéia de que é possível ter sentimentos agradáveis a partir de algo previsível se torna muito atraente e interessante. As substâncias químicas tornam-se cada vez mais importantes para o usuário.

À medida que a liberdade de escolha da pessoa diminui, ela passa a consumir o álcool ou as drogas com muito mais freqüência, e isso traz para ela vários problemas de relacionamento. Às vezes o comportamento dela está abaixo do desejável, outras vezes é extremamente constrangedor e emocionalmente doloroso.

À medida que o consumo de álcool ou de drogas vai ficando mais freqüente, os problemas de relacionamento aumentam, provocando sentimentos de remorso, tristeza, raiva e medo. Então, com o tempo, a pessoa passa a usar substâncias químicas não só para obter uma sensação de prazer, mas antes para buscar certo alívio. Ela usa as substâncias químicas para amenizar os sentimentos dolorosos, agora causados pelo próprio uso da substância química. Como podemos ver, estabeleceu-se um ciclo vicioso:

- Consumir drogas para se sentir bem
- Consumir drogas cada vez mais para se sentir bem, com conseqüências negativas
- Consumir drogas para amenizar os sentimentos provocados pelas conseqüências negativas, ocasionando mais conseqüências negativas, e assim por diante

A obsessão pelo uso das drogas começa a se sobrepor às outras emoções, que passam a ser constantemente ignoradas e reprimidas. A confiança no poder das substâncias químicas de melhorar o ânimo faz com que a vida emocional da pessoa fique estagnada e seus sentimentos cada vez mais amortecidos. Com o tempo, os sentimentos bons e elevados são cada vez mais raros, e as depressões são cada vez mais profundas. O resultado final é uma depressão crônica, em que se sentir mal passa a ser "normal".

No meu livro *Another Chance*, descrevi em detalhes a espiral do vício e o desgaste que ocorre no potencial pessoal no decurso da dependência química. Não nos deixemos intimidar pelo vício. Se ocorrer a combinação dos três fatores: hospedeiro suscetível, agente tóxico e ambiente permissivo, o vício – dependência física da droga – vai acontecer. E com ele, é de esperar que ocorra também o desgaste dos potenciais emocional, físico, social, volitivo e espiritual.

Na maioria das vezes, quando a pessoa já é viciada, é muito difícil deixar de consumir a droga sem algum tipo de ajuda profissional. Felizmente, há muitos tipos de tratamento e de ajuda à disposição do viciado em álcool ou em droga. Os bons programas de tratamento reconhecem a necessidade de se recuperar a vida afetiva do usuário, e os programas mensais de tratamento revelam e liberam as antigas dores emocionais e ensinam o usuário a se valer dos prazeres naturais e elevados para obter o máximo da vida.

Os distúrbios alimentares

Os distúrbios alimentares assumem múltiplas formas, que vão desde a extrema obesidade até o hábito de comer muito e fazer dieta ou a anorexia. Por que as pessoas desenvolvem distúrbios alimentares? Será a obesidade o resultado de algum conflito emocional não-resolvido do passado? E a anorexia e a bulimia? As pessoas (principalmente as mulheres) se tornam anoréxicas por causa dos problemas emocionais do passado?

No momento, não sabemos por que as pessoas desenvolvem distúrbios alimentares. Algumas formas de obesidade podem resultar de disfunções glandulares. Muitas pessoas ganham peso quando tomam certos tipos de medicação.

Os distúrbios alimentares podem resultar de conflitos emocionais não-resolvidos, ou podem ser *agravados* por conflitos emocionais trazidos do passado. E, obviamente, o *stress* que tem origem no presente também pode exacerbar os distúrbios alimentares, bem como outras dependências.

Também está claro que, em muitos casos, os distúrbios alimentares têm muito em comum com outros vícios. Pesquisas recentes têm revelado que, embora o grau de obesidade dependa de fatores ambientais, a hereditariedade também desempenha um papel significativo.

Como com outras compulsões e vícios, os mais bem-sucedidos programas que tratam de distúrbios alimentares são aqueles que dão ênfase principalmente a técnicas de mudança comportamental, aliadas à psicologia de auto-ajuda e ao apoio de grupos de pessoas com o mesmo problema.

Qualquer que seja a origem dos distúrbios alimentares, para a maioria das pessoas, quando os conflitos passados e presentes criam um nível intolerável de frustração e de tensão, os alimentos tendem a ser vistos como um meio de obter um alívio temporário.

De forma natural, o alimento está sempre ligado a experiências interpessoais e emocionais. As associações psicológicas com a comida se estabelecem desde o nascimento. O cheiro e o sabor das comidas são fortes ativadores emocionais. O alimento não nos causa simplesmente um reflexo salivar, mas todo um complexo de reações emocionais. Nós "adoramos" certas comidas (tais como sorvete) e "odiamos" outras (tais como jiló) não apenas por causa do sabor, mas por causa das associações que a comida nos evoca. O sorvete, por exemplo, é sempre oferecido como recompensa ou como um presente especial em uma atmosfera de relaxamento e diversão. Os legumes, por outro lado, muitas vezes são encarados como um elemento de coação — "Coma os legumes!" Os momentos divertidos raramente vêm acompanhados de jiló.

Igualmente, os petiscos e sobremesas são recompensas típicas por se ter sido bonzinho; os doces são prazeres especiais; os jantares de Ação de Graças e as reuniões familiares — todas essas ocasiões especiais trazem consigo uma enorme carga emocional. As conseqüências mais graves dos distúrbios alimentares são:

1. Alterações metabólicas causadas pelo excesso ou pela falta de gordura.

2. O uso de diuréticos, de comprimidos para emagrecer, de laxativos, de vomitórios, etc., para perder o peso.
3. O entorpecimento da dor emocional, que faz com que a pessoa se distancie de suas emoções.

A obesidade

É considerada obesa a pessoa que tem 30% de gordura acima do peso ideal. A obesidade pode levar a pessoa a ter hipertensão, problemas na vesícula biliar, diabete, artrite e reumatismo, risco de cirurgia e distúrbios sexuais e psicossociais.

Além disso, a obesidade restringe enormemente o número de atividades que a pessoa pode praticar, levando-a, muitas vezes, a uma vida sedentária e relativamente isolada. As pessoas gordas se cansam mais facilmente. Elas sofrem mais com problemas nos pés porque os pés não foram feitos para carregar excesso de peso. Se você é gordo, o atrito entre as pernas irritam a sua pele quando você anda, você tem dificuldade para entrar e sair do carro, para sentar e levantar do sofá, da poltrona do cinema, do banco do ônibus, da poltrona do avião e assim por diante. Bicicletas e barcos a remo são arriscados, então você passa seus momentos de lazer e descontração em outro lugar — muitas vezes em frente à TV e com um petisco na mão.

A comida é um grande consolo. O impulso para comer como forma de consolo pode aparecer a qualquer momento, mas em certas ocasiões ele pode nos pegar mais vulneráveis, como quando estamos cansados, mal-humorados, solitários. As tardes solitárias são o melhor horário para os ataques de gula. Quando alguém está com você, a companhia o "alimenta". No entanto, quando você está sozinho, um aroma ou a visão de algo pode lhe lembrar o amor e a segurança. A comida nos coloca em contato com lembranças de pessoas, lugares e coisas. Em momentos dolorosos ou difíceis, é natural recorrer a coisas que nos fizeram felizes na infância.

Cada pessoa tem diferentes preferências com relação à comida:

- Carne assada, purê de batatas e molho
- Bifes grelhados numa noite quente de verão
- Qualquer coisa que contenha chocolate
- Sorvete
- Pipoca
- Cachorro-quente com mostarda

Observe como as lembranças e sentimentos se agitam instantaneamente. A consistência de alguns alimentos dá origem a certos sentimentos. Os alimentos cremosos agradam, pois são ingeridos com mais facilidade, exigindo pouco esforço para engolir. Há quem os chame de "papinhas". Outros alimentos que devem ser bem mastigados, tais como pipocas e amendoins, nos ajudam a relaxar, à medida que vamos comendo o que temos na mão ou na tigela.

As pesquisas demonstram que os doces e amidos têm um efeito calmante sobre o cérebro. Isso acontece porque eles aumentam os níveis de serotonina, uma substância química do cérebro que atua como calmante natural. Assim, quando você ataca um talharim macio e escorregadio (a tranqüilidade em forma de macarrão), ou uma confortante bola de sorvete, você está se medicando contra o *stress*.

A anorexia

A Anorexia Nervosa foi chamada de "Doença da Inanição". É uma doença misteriosa, que ataca freqüentemente mulheres jovens dotadas de grande capacidade e desempenho. Ainda que a causa dessa doença não seja conhecida, os anoréxicos costumam vir de famílias com estas características:

1. Falta de comunicação em família: Parece que há pouca liberdade para a expressão dos sentimentos. Só os bons sentimentos são aceitos.
2. Preocupação com a aparência física: Geralmente a família fala constantemente sobre peso, forma física e aparência.
3. Os membros da família são valorizados por suas realizações: Muito freqüentemente, existe a clara expectativa de que a criança precisa ter o melhor desempenho possível em quase todas as áreas de sua vida.
4. Alcoolismo na família: Os anoréxicos tendem a vir de uma família onde a norma é evitar sentimentos. O alcoolismo e a depressão são ocorrências comuns.

O anoréxico é capaz de conseguir alguma mudança emocional controlando o próprio corpo. Pouquíssimos sentimentos são exteriorizados na família de um anoréxico, e a mudança de humor que vem da capacidade de controlar o corpo é pelo menos uma forma de "barato".

Os anoréxicos se enquadram em várias categorias. Os proibidores limitam severamente sua ingestão de comida até que estejam muito abaixo do peso normal. Os anoréxicos bulímicos, entretanto, jejuam por um certo tempo e depois passam a comer demais e a vomitar. O bulímico parece ser mais impulsivo, mais desajustado e, às vezes, com mais tendências suicidas.

Quer consideremos a obesidade, a anorexia ou a bulimia, estamos falando de pessoas que usam a comida ou a falta de comida como um meio de manifestar ou abrandar os sentimentos.

É preciso também ter em mente que nenhuma teoria pode abarcar todos os tipos de distúrbios alimentares. Por exemplo, é tentador afirmar categoricamente que os conflitos emocionais não-resolvidos estão na base de todo distúrbio alimentar, mas pesquisas recentes mostram que os distúrbios de ingestão, como o alcoolismo e outras dependências, são influenciados por fatores genéticos. A obesidade, por exemplo, tem um forte elemento genético; porém, ao mesmo tempo, o grau de adiposidade depende de fatores ambientais, alguns dos quais podem incluir conflitos emocionais e coisas assim. Da mesma forma, cada vez mais pesquisas indicam que a bulimia e a anorexia têm origem biológica, com componentes emocionais e psicológicos.

Quer conheçamos ou não tudo o que precisamos saber para tratar essas doenças, o que sabemos é que a compulsão de comer ou não comer precisa cessar para que ocorra a cura no nível emocional.

O primeiro passo para lidar com um distúrbio alimentar é fazer um esforço para tentar corrigi-lo. Se se trata de excesso de peso, os Vigilantes do Peso são um dos melhores programas, tanto para perder como para manter o peso ideal. Se a pessoa é anoréxica ou bulímica, deve procurar um dos programas de co-dependência especializados em distúrbios alimentares.

Os programas mais bem-sucedidos que lidam com distúrbios alimentares são aqueles que se concentram em ajudar a pessoa a trabalhar a dor levando em conta seu passado, enquanto usam técnicas de mudança de comportamento, aliadas à psicologia de auto-ajuda e ao apoio de grupos de pessoas com os mesmos problemas.

A combinação de técnicas é importante, porque a experiência mostrou que trabalhar os conflitos emocionais de forma isolada não tem sido tão proveitoso quando se lida diretamente com a compulsão.

O exemplo clássico disso, por certo, é a dependência química, que contém uma forte carga genética. Nos anos passados, travou-se uma tremenda batalha para fazer com que a dependência química seja reconhecida como uma doença primária, e não como sintoma de um conflito emocional subjacente e não-resolvido. Os terapeutas esclarecidos não tentam mais tratar o alcoolismo enquanto o paciente ainda está bebendo. A abstinência é tida como uma pré-condição – não como um resultado – da terapia.

Se não existem programas de tratamento em sua região e você não pode sair em busca de ajuda, consulte um clínico geral e seja tão honesto quanto puder sobre seus hábitos alimentares, bem como sobre as circunstâncias da sua vida. Consiga a melhor ajuda que puder. Você a merece.

O tabagismo

O tabagismo tornou-se um problema devastador. O envenenamento pelo tabaco e pela nicotina é um destruidor sutil das emoções e da pessoa como um todo. Raramente ocorre um divórcio, uma prisão, a perda de emprego, um acidente automobilístico ou ressaca que possa ser relacionado especificamente ao hábito de fumar. Contudo, os cigarros matam silenciosamente, de forma cordial e amiga. Eles destroem a vida emocional e depois, com muita freqüência, a vida física do fumante.

Todos conhecem as conseqüências físicas perniciosas

do hábito de fumar. Doenças pulmonares, enfisema, câncer, doenças do coração, embolia, etc., são todas doenças ligadas a esse hábito. Também sabemos que certos defeitos congênitos, especialmente natimortos e a síndrome de morte infantil súbita, são muito mais freqüentes em bebês cuja mãe é fumante.

Não nos damos conta de que a nicotina e a fumaça são sedativos eficazes dos sentimentos e da emoção. Uma prova segura da capacidade sedativa do cigarro é a volta periódica da ansiedade assim que o fumante tenta parar. Com o tempo, os sentimentos naturais que afloram e clamam por expressão são eliminados pelo cigarro. E todas as ligações com esses sentimentos podem acabar sendo esquecidas. A pessoa fica insensível ou perplexa diante das muitas experiências e lembranças emocionais. Quando se tenta deixar de fumar, toda a ansiedade retorna. A ansiedade é simplesmente "um conjunto de sentimentos indefinidos".

Para recobrar por completo o amor-próprio, é preciso parar de fumar e deixar que os velhos sentimentos aflorem. Analisando todas as velhas ansiedades e sentimentos, será possível entrar novamente em contato com essa parte do eu que foi por tanto tempo sedada pelo cigarro. Não é nada fácil desistir do cigarro. Ele se tornou um amigo — mas bastante propenso a trair a amizade.

Para muitas pessoas, parar de fumar pode ser doloroso. É mais fácil para aqueles que podem dizer francamente a si mesmos: "Fumar ou parar de fumar não são coisas muito importantes." Essas pessoas apenas param.

Outras pessoas podem precisar de ajuda, e há muitos tipos de ajuda disponíveis. O programa de tratamento para co-dependentes, mencionado no início deste livro, ajuda o fumante a trabalhar com as emoções que envolvem o ato de deixar o vício. Há também grupos de tratamento específico que você pode encontrar perto de onde reside.

O hábito de fumar dificulta o desenvolvimento da intimidade e o crescimento pessoal. O amor-próprio é ilusório para o fumante. O cigarro serve como uma capa de proteção, como um impermeável, contra o mundo da incerteza e da dor psíquica. Valendo-se do cigarro nos momentos de *stress*, as pessoas ficam menos propensas a encontrar força dentro de si mesmas. Em resumo, para muitas pessoas, o tabaco é uma muleta.

As muletas são coisas interessantes. Quando quebramos uma perna, é muito útil usar uma muleta. Mas, depois que a perna melhora, deixamos a muleta de lado e trabalhamos para que a perna volte a se movimentar normalmente. De outro modo, os músculos das pernas se atrofiarão por falta de uso e poderão ficar fracos a ponto de ser preciso usar muletas para sempre.

O fumante tem os músculos emocionais atrofiados. Por alguma razão, ele decidiu depender do cigarro para lidar com seu mal-estar emocional. E isso funciona por um tempo. No entanto, quanto mais a muleta é usada, mais o músculo emocional se atrofia e mais frágil é a reação natural. Por fim, a pessoa se torna emocionalmente dependente do cigarro para livrar-se da tensão emocional.

Há três estágios principais que o fumante atravessa ao tentar parar de fumar:

1. É fundamental que o fumante se disponha a parar de fumar e a enfrentar qualquer reação desagradável que possa surgir. Nesse estágio, a pessoa começa

a buscar meios que a ajudem na decisão de parar de fumar: juntar-se a um grupo de apoio, seguir um programa de tratamento formal ou buscar algum outro tipo de aconselhamento.

2. A fase física é o período em que o fumante tem que enfrentar diretamente o mal-estar provocado pela falta de nicotina. Alguns a eliminam bruscamente e outros, de forma gradual. Isso pode ser incômodo, mas a tensão é controlável. Se a pessoa estiver em um grupo de apoio ou programa de tratamento, a tensão é bastante aliviada pelo ato de falar sobre todos os sentimentos que estão começando a aflorar. Esse é um momento para ser especialmente cuidadoso consigo mesmo e pedir toda a ajuda e apoio que forem necessários.
3. O estágio final é o momento do pesar. Lembre-se do que mencionamos antes sobre o processo de tristeza. Desistir de um hábito tão arraigado é um processo doloroso. A pessoa tem a sensação de que perdeu uma companhia, a identidade ou um amigo. O tempo vai ajudar. Lembre-se sempre que "o fumante faz amor com a morte".

A incapacidade/a mania por trabalho

Incapaz – insuficiente
Não o bastante
Menos que
Diferente de

Isso lhe parece familiar? Claro que sim. Quem é a alma

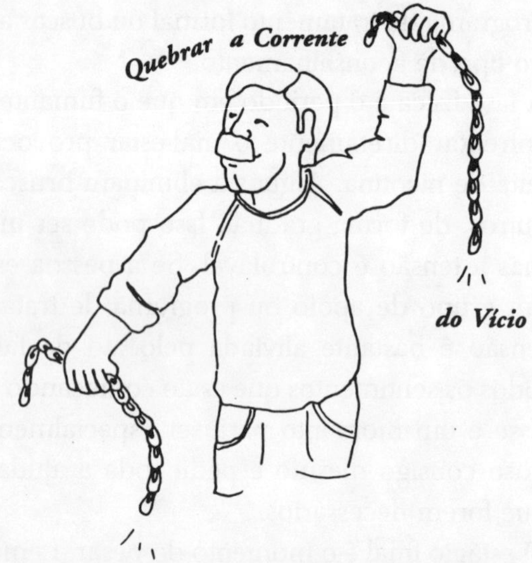

tão autoconfiante e segura (iludida ou arrogante?) que não sentiu por um momento a sensação de ser incapaz? Até o Super-Homem se torna um incapaz na presença da criptonita! Os sentimentos de incapacidade freqüentemente levam as pessoas ao comportamento autodestrutivo. Muito embora tenham realizado grandes coisas, muitas pessoas ainda são levadas a fazer mais e mais, como se se esforçassem por receber o veredicto de um misterioso juiz que diria: "Muito bem, você já fez o bastante."

Nos lares onde a aprovação e o elogio são decorrência do trabalho feito, do bom desempenho e das realizações, é fácil e natural que a criança comece a identificar seu valor com a tarefa cumprida. Contudo, o amor-próprio não cresce com as tarefas cumpridas; cresce à medida que aprendemos quem e o que somos e caminhamos rumo ao amor-próprio e à aceitação de nós mesmos.

Muitas vezes, é como se nossas realizações tivessem um efeito paradoxal: Elas nos levam a mais atribuições, a mais responsabilidades, a mais tarefas a serem cumpridas. E há momentos em que nos envolvemos demais com o *fazer* – em realizar nossas tarefas – e nos esquecemos de prestar atenção às muitas outras necessidades e partes de nós mesmos. Nós nos negligenciamos, bem como os outros ao nosso redor, desinteressados de aprender sobre nós mesmos e sobre os nossos interesses.

Stan, por exemplo, começou a perceber que algo estava muito errado em sua vida. Ele ficou conhecido, ao longo dos anos, como um funcionário-padrão – alguém que deu o máximo de si. Colou o nariz no quadro-negro, na universidade, obtendo um MBA [Master in Business Administration] em cinco anos. E ficou por dois anos no primeiro emprego sem tirar férias.

Nos últimos cinco anos, a mulher de Stan conseguiu fazer com que ele tirasse algumas folgas do trabalho. Mas mesmo quando ele tira folga, leva consigo uma maleta cheia de papéis e, como um alcoólico que bebe escondido, sempre acaba trabalhando um pouco nos momentos de lazer.

O trabalho de Stan é importantíssimo para ele, e sua mulher também. Ele tem percebido que ultimamente ela está se sentindo esquecida, e ele enfrenta um dilema. Se não passa o tempo todo trabalhando, fica ansioso. E se a mulher está infeliz, também fica ansioso.

Mesmo tentando manter tudo sob controle, ele sente que cada vez mais coisas vão lhe escapando. Está sempre cansado demais para o sexo e, quando ele e a mulher encontram um tempo para fazer amor, ele age como se isso fosse uma questão de negócios. Conseqüentemente, sua vida amorosa é breve, mecânica e sem graça. De fato, seu casamento está caracterizado por uma falta de verdadeira intimidade. Stan não é apenas um estranho para sua esposa, mas é um estranho para si mesmo.

Como Stan, na vida apressada e cheia de compromissos que criamos para nós mesmos, freqüentemente perdemos o senso de amor-próprio.

A atividade frenética (exercícios, esportes, reuniões, aulas, trabalhos, mais reuniões) drena a energia e nos leva a nos sentir fisicamente cansados e emocionalmente insensíveis. A atividade, certamente, é essencial para a saúde e para a recreação. Todavia, a pessoa ativa demais usa a atividade para entorpecer o sentimento.

O maníaco por trabalho pode ser muito útil para a comunidade – um grande trabalhador, um voluntário dedicado, que faz as coisas acontecerem. E a sociedade, por sua vez, exalta o trabalhador maníaco. Pense, por exemplo, nos seguintes lemas:

- A dedicação exige trabalho duro e sacrifício pessoal
- O mundo pertence ao trabalhador esforçado
- Neste mundo, é preciso estar à frente

Além daqueles que se dedicam demais ao seu emprego, há outras variedades de atividade compulsiva:

O maníaco pelo trabalho doméstico

Tudo gira em torno da casa. Refeições, decoração,

consertos, mudanças, reparos, jardins. Os fins de semana são preenchidos com um sem-fim de "deveres domésticos".

Os pais maníacos

A vida gira em torno dos filhos. Tudo o que se passa nesta família gira em torno das atividades das crianças. Férias, feriados, finanças, educação e tudo o mais depende das necessidades dos filhos.

O maníaco por esporte

Escolha o esporte!! Golfe, tênis, futebol. Estar ao lado de um viciado (ativo ou passivo) em esporte é como estar sozinho no deserto. A preocupação prejudica os relacionamentos e o amor-próprio dos entes queridos.

Os maníacos profissionais

Estes são pessoas que de alguma forma acham que sua "profissão" ou "trabalho" é o centro do cosmos. Elas sacrificam tempo, energia e relacionamentos só para se dedicar ao trabalho, aos contatos e aos interesses profissionais.

A mania por trabalho tem muitas faces, mas há alguns aspectos comuns a *todas* elas. O rosto dos maníacos por trabalho costuma ter essas características:

- Parece cansado (especialmente ao redor dos olhos)
- Parece, muitas vezes, triste (afinal, ele sente a solidão

de não ter relacionamentos). Há dois tipos de solidão. Uma está relacionada com a ausência de proximidade física. A outra é ter por perto alguém que se ama e se quer bem, mas que está emocionalmente distante. Ambos os tipos de solidão são comuns para o maníaco por trabalho

Outras características do maníaco por trabalho:

1. Fica até tarde no serviço
2. Leva trabalho para casa
3. Trabalha nos fins de semana
4. Sempre carrega uma maleta ou livro para ler
5. Raramente falta no trabalho devido a doença ou tira uma folga
6. Freqüentemente reduz o período de férias
7. Está sempre ocupado
8. Come depressa
9. Não gosta de delegar tarefas
10. Sente-se responsável por pôr em prática toda idéia criativa

Infelizmente, o fato de trabalhar duro não está necessariamente ligado à realização pessoal. Um estudo mostrou recentemente que os profissionais de informática que levam trabalho para casa são, na verdade, menos produtivos que os que não levam.

Qualquer perito em eficiência organizacional pode dizer que, na maioria dos postos, há momentos em que o trabalho realizado não rende. Trata-se apenas de atividade para parecer ocupado, para mostrar serviço. De fato, a nossa tendência é pensar mais na quantidade de trabalho que fizemos do que na *qualidade*.

Infelizmente, a cultura norte-americana muitas vezes valoriza aquele que gosta de "mostrar serviço". Os patrões ODEIAM ver empregados que não estejam ocupados fazendo alguma coisa. Se você trabalha num restaurante e não há clientes, é melhor lustrar os balcões – mesmo que tenham sido lustrados inúmeras vezes naquele dia. Se está no serviço militar – especialmente durante o treinamento básico – e tem algum tempo livre, é melhor parecer ocupado – do contrário, o sargento pensará que você está se esquivando dos seus deveres, e logo você estará catando tocos de cigarro ou esfregando latrinas. No colégio, alguns "professores" estabelecem um prêmio pela quantidade de trabalho, e não pela qualidade. Vários universitários descobriram que compensa mais entregar grandes quantidades de trabalho do que pequenos trabalhos de alta qualidade. Em resumo, em muitas profissões, a aparência do trabalho é tão bem recompensada quanto o trabalho em si, e a atividade sem sentido é uma forma de evitar a punição.

O que faz um maníaco por trabalho continuar trabalhando sem parar?

Compensa – ver acima – e também...

1. Anestesia a emoção
2. Encobre inseguranças (o trabalho faz a pessoa parecer importante)
3. Angaria agradecimentos e a apreciação dos outros (compensa a falta de amor)

4. Faz com que a pessoa seja notada e bem vista pelos outros
5. Incapacidade de se divertir nas horas de lazer

Como seria maravilhoso se alguém nos dissesse: "Bom trabalho. Agora reserve bastante tempo para você e seja bom consigo mesmo. Reserve tempo para brincar, se divertir e relaxar. Ainda assim, você conseguirá fazer tudo o que quer fazer."

Bem, provavelmente, ninguém vai nos dizer essas coisas, mas podemos dizê-las sinceramente para nós mesmos. Quando nos comprometemos com a pessoa interior (a criança interior), que pode ter perdido um pouco do prazer e da animação da infância, a recuperar agora o tempo perdido, também nos comprometemos a empenhar esforços nessa perspectiva saudável.

Alternativas para a atividade compulsiva

Ouvir música
Sair para um passeio
Nadar
Dançar
Ler um livro de ficção
Ouvir o farfalhar das árvores
Escrever uma carta
Tomar banho
Conversar com um amigo
Brincar com os filhos
Contar segredos a alguém que se ama
Observar uma vela queimando
Rezar

Fazer amor com o parceiro especial
Fazer pão em casa
Construir uma casa de passarinhos
Olhar velhas fotos
Planejar uma festa
Ir ao cinema, sentar de mãos dadas e comer pipoca
Tocar um instrumento
Cantar
Escrever pensamentos que lhe sejam importantes
Conhecer uma nova cidade
Olhar pessoas
Apresentar-se a três pessoas
Ligar para um velho amigo
Cuidar do jardim ou cultivar plantas em vasos
Fazer presentes para dá-los no decorrer do ano

Dependência nos relacionamentos

Talvez uma das dependências mais difíceis que se pode ter, e ainda mais difíceis de confrontar, seja a "dependência com relação a outras pessoas". Na cultura norte-americana, as pessoas se misturam muito umas com as outras, e poucas conhecem o quanto é bom e saudável ser uma pessoa inteira e independente. Muitas vezes, a pessoa, mal saída da infância, entra em um relacionamento, casa-se e tem filhos sem jamais se tornar um indivíduo completo, sem jamais ter a chance de desenvolver o seu próprio potencial, sem ter a oportunidade de conhecer outros aspectos do mundo. Mesmo se não houver um contrato de casamento, as pessoas tendem a se comprometer com alguém, o que as impede de apreciar sua própria totalidade.

O casamento é uma relação muito especial e, mais adiante neste livro, falarei sobre a intimidade e o compromisso (uma das grandes realizações). Por ora, estou me referindo a relações de dependência insalubres. São relações que nascem mais da necessidade do que do ato de compartilhar. As pessoas que apresentam esse tipo de dependência costumam vir de famílias que fomentaram a desesperança em vez da autoconfiança. Isso deixa a pessoa vulnerável e propensa a se tornar dependente dos outros.

Quando uma pessoa procura outra com o objetivo de preencher um vazio em si mesma, o relacionamento logo se torna o centro de sua vida. Como ele oferece uma sensação de bem-estar que é animadora e garantida, a pessoa recorre a esse relacionamento como a um entorpecente. À medida que essa experiência se repete, a dependência cresce. Com

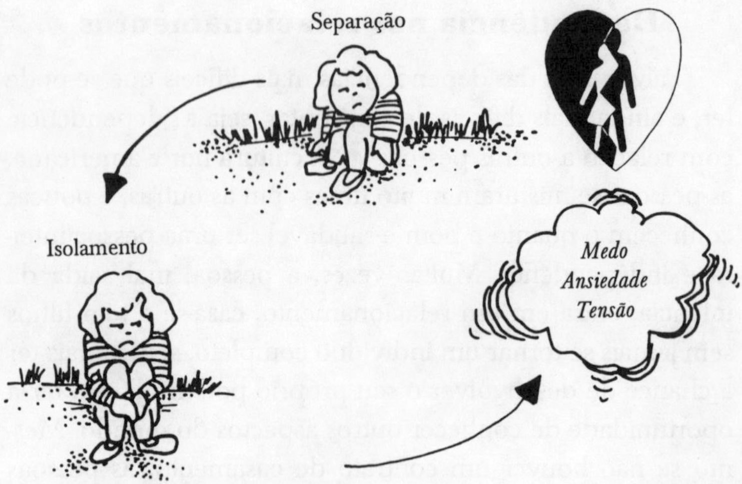

o tempo, a idéia de separação ou de isolamento passa a provocar uma grande onda de medo, ansiedade e tensão.

A pessoa que não se estima luta para preencher esse vazio com o amor de outra pessoa. Ela depende tanto da estima do parceiro que este muitas vezes se sente vazio por dentro, e então busca alguém ou alguma coisa para preencher esse vazio. Bebidas alcoólicas, trabalho, comida, romances, poder – tudo funciona para preencher o vazio interior. Às vezes, a pessoa tenta fazer com que todas as suas necessidades sejam atendidas pelo parceiro, ou então muda várias vezes de parceiro tentando o impossível: obter autoestima de outra pessoa. Isso obviamente é impossível. O amor-próprio só pode provir do eu.

O Amor-Próprio Só Pode Provir do Eu!

Os parceiros dependentes passam a se ver cada vez mais, para assim manter a segurança que acham no outro. Quando estão separados, eles anseiam um pelo outro. Mesmo que se desentendam e não suportem mais ficar juntos, anseiam pela segurança oferecida pelo relacionamento. Planejar uma separação ou conseguir atender às necessidades do parceiro é um desafio que traz grande conflito para o relacionamento. O grau de dependência torna-se evidente quando o romance termina. Visto que o relacionamento servia para encobrir a falta de amor-próprio, os parceiros sentem desorientação e angústia quando ele chega ao fim. Muitas vezes, revela-se uma boa dose de raiva. Pelo fato de o envolvimento ter sido tão grande, o final do relacionamento põe a descoberto a exploração mútua que ocorreu durante todo o tempo em que o casal ficou junto.

Esse tipo de dependência não se limita a relacionamentos amorosos. Ele também acontece entre amigos. As relações de dependência podem se desenvolver entre duas pessoas que buscam o amor-próprio fora de si mesmas. Quanto mais amor-próprio conseguimos sentir em decorrência de um amigo, mais dependentes nos tornamos desse amigo. Quanto menor o nosso amor-próprio, mais amigos precisamos para conseguir a quantidade adequada de amor-próprio para nós mesmos. Não devemos confundir isso com o maravilhoso ato de compartilhar que existe entre amigos que têm amor-próprio. Compartilhar e depender são duas coisas diferentes.

Sinais de dependência com relação ao parceiro ou aos amigos...

1. Ser, na maioria das vezes, aquele que toma a iniciativa de telefonar.
2. Ser responsável pela maior parte dos convites para passarem algum tempo juntos.
3. Faz mais questão de falar sobre a amizade ou sobre a relação com o outro.
4. Sente ansiedade quando não está com o parceiro ou com os amigos.
5. Não se sente bem durante o período de separação.
6. Fica preocupado ou infeliz se o outro parece perfeitamente satisfeito e feliz quando não estão juntos.
7. Querer saber tudo o que o outro faz, pensa e sente.
8. Assumir uma responsabilidade desproporcional pela relação.
9. Sentir que os desejos e necessidades do outro são mais importantes que os seus.

10. Achar que não conseguirá fazer nada sozinho caso a relação ou amizade termine.

É por meio do nosso desenvolvimento como pessoas íntegras que descobrimos nosso amor-próprio, o que nos possibilita relacionar-nos com alguém que também tenha um amor-próprio elevado e, em seguida, compartilhar esse amor em vez de usar um ao outro. É preciso ter amor-próprio para se iniciar um relacionamento ou amizade saudável.

É Preciso Ter Amor-Próprio para se Iniciar um Relacionamento ou Amizade Saudável.

CAPÍTULO CINCO

Passos para Aumentar o Amor-Próprio

"Quero me conhecer e cuidar de mim. Quero ter muita energia e uma sensação de liberdade." Essa é a descrição resumida da essência do amor-próprio. Uma grande dose de amor-próprio significa também que eu sou capaz de:

- Fazer escolhas que melhorem minha qualidade de vida. Não sou uma criatura sem esperança, que vaga passivamente à mercê dos ventos do acaso e das correntes do destino. Sou aquele que escolhe e que determina a minha própria existência.

- Aprecio o meu corpo. Sou um ser multidimensional – sou mental, espiritual e físico, e posso ter igual prazer com meu corpo, com minha mente e com meu espírito.
- Reconheço e aceito que a forma como me sinto com relação a mim mesmo afeta a forma como me relaciono com as pessoas. Quando tenho uma visão positiva de mim mesmo, sou capaz de iniciar e manter relacionamentos positivos, que realçam a vida. E sou capaz de me ligar às pessoas de forma significativa e satisfatória.
- Finalmente, sei que, à medida que aprimorar meu amor-próprio, serei uma pessoa mais íntegra e honesta e sentirei mais compaixão, entusiasmo e amor. E sou capaz de, verdadeiramente, sentir alegria em minha vida.

Todo crescimento depende de um ambiente e de uma alimentação favoráveis, bem como de um ambiente não hostil. Assim como as condições desfavoráveis podem tolher o crescimento de uma magnífica sequóia, também o ambiente em que vivemos – as circunstâncias e relacionamentos da nossa vida – pode tolher o desenvolvimento do nosso amor-próprio. Antes de explicar como aumentar o amor-próprio, um fator indispensável deve ser apresentado:

Você é quem deve se cercar de pessoas que irão ajudá-lo na sua caminhada.

É impossível cultivar o amor-próprio enquanto se está cercado de pessoas negativas, que não vêem você como uma pessoa de valor. É impossível para o "eu" florescer em uma atmosfera hostil onde não há reconhecimento nem apreciação. Os sentimentos de auto-estima só podem florescer num ambiente em que as diferenças individuais são respeitadas, os enganos são tolerados, a comunicação entre as pessoas é franca e aberta e as regras e expectativas são flexíveis. O melhor é que há sempre esperança e possibilidade, pois você pode aprender a fazer novas escolhas que podem mudar e renovar sua vida.

O Melhor é que Sempre há Esperança
e
Possibilidade,
Pois Você Pode Aprender a Fazer Novas Escolhas
que Podem Mudar e Renovar a sua Vida.

Nos próximos capítulos, falarei sobre algumas das coisas que desejamos e como podemos obtê-las. Cada passo rumo à auto-realização nos proporciona um novo impulso e eleva nosso amor-próprio. Prepare-se muito bem para cuidar de si mesmo. *Você merece!*

Caso tenha alguma dúvida se *de fato* merece as coisas boas que advêm do crescimento e da auto-realização, reflita sobre a meditação sobre o EU da página 120:

EU...

Eu sou o único "eu" que eu tenho. Não existe ninguém igual a mim. Esse eu tem dois aspectos: o interior e o exterior. O eu exterior é o que você vê: a forma como eu ajo, a imagem que ostento e as coisas que eu faço. O eu exterior é muito importante. É meu mensageiro para o mundo, e muito desse meu eu exterior é que se comunica com você. Eu valorizo o que eu faço, a minha aparência e o que compartilho com você. O "eu" interior conhece todos os meus sentimentos, minhas idéias secretas e minhas muitas esperanças e sonhos. Às vezes, deixo que você conheça um pouquinho do meu "eu" interior; às vezes, isso é uma parte muito secreta de mim mesmo. Muito embora exista um número enorme de pessoas neste mundo, ninguém é exatamente como "eu". Eu assumo a responsabilidade por esse "eu", e quanto mais eu aprender sobre mim mesmo, mais responsabilidade vou assumir. Como você vê, o meu "eu" é responsabilidade minha. À medida que conheço mais de perto a mim mesmo, cada vez mais descubro que sou uma ótima pessoa. Tenho feito algumas coisas boas na vida porque sou uma pessoa boa. Tenho realizado algumas coisas em minha vida porque sou uma pessoa competente. Conheço algumas pessoas especiais porque sou alguém que vale a pena conhecer. Quero brindar às muitas coisas que tenho feito para mim mesmo. Também tenho cometido alguns enganos. Posso aprender com eles. Ainda conheço algumas pessoas que não me apreciam. Não preciso manter essas pessoas na minha vida. Tenho perdido um tempo precioso com elas. Posso fazer novas escolhas agora. Pelo que posso ver, ouvir, sentir, pensar, mudar, crescer e agir, tenho grandes possibilidades. Vou assumir esses riscos e essas possibilidades. Vou crescer, amar e celebrar. Eu mereço!

Eu mereço!

É preciso ter em mente um ponto importante: Todas essas possibilidades, as miríades de possibilidades da auto-realização, acarretam certos riscos. Vamos dar uma olhada no que eu quero dizer com "riscos do crescimento".

Os riscos

Os riscos aparecem quando fazemos escolhas. Se a sua vida está sempre mudando para melhor, você terá que se arriscar. Terá que sair de sua rotina, conhecer pessoas novas, pôr em prática novas idéias e trilhar caminhos que ainda não conhece. De certa forma, os riscos do crescimento vêm de caminhar rumo ao desconhecido, uma terra estranha onde a língua é diferente, os costumes são diferentes e você tem que aprender a se virar.

A segurança total é uma superstição. Ela não existe na natureza, e os filhos dos homens não a conhecem. No final das contas, evitar o perigo não é mais seguro do que colocar-se em risco. Ou a vida é uma aventura audaciosa, ou ela não é nada.

Helen Keller

Quando estamos prontos para crescer, estamos prontos para abandonar a forma como geralmente nos vemos, o que é arriscado. Afinal, nosso velho "eu" – por mais que seja incapaz ou sem importância – é o único que conhecemos. O que acontecerá se perdermos nosso velho eu e *nada* tomar o seu lugar? O que acontecerá se destruirmos a essência do nosso ser – o nosso eu?

À medida que assumimos riscos e começamos a crescer, passamos a traçar novos "desenhos" de nós mesmos, ainda que apenas na nossa imaginação. Decidimos que estamos prontos para abandonar as falsas crenças, compromissos, relacionamentos, investimentos insatisfatórios (trabalho, dinheiro, energia, compromissos voluntários, e assim por diante), apegos superficiais e hábitos autodestrutivos. Desprender-se desses aspectos arraigados da nossa vida pode ser difícil, mas é absolutamente necessário.

Muitas vezes, as pessoas se ligam a certos grupos porque acreditam que neles encontrarão segurança e esperam que assim passem a se sentir bem. *Contudo, às vezes é necessário deixar uma instituição, uma profissão ou um grupo para descobrir o amor-próprio e a paz interior.*

No passado, desperdiçamos energia e recursos com amizades que não foram adiante. É tempo de deixar para lá e seguir em frente. O apego a falsas esperanças prejudica o nosso crescimento. Todo risco acarreta alguma perda, algo que tem que sair da nossa vida para que possamos avançar. Habituar-se à perda é uma parte do crescimento.

Algumas pessoas conservam seus relacionamentos porque eles lhes parecem seguros. Outras se engajam e permanecem num emprego sem futuro porque têm medo de assumir novas responsabilidades. Outras ainda participam de grupos porque se apavoram quando estão sozinhas. Há uma corrente oculta de medo que pulsa dentro delas, uma mensagem de pavor da criança interior:

"Sou indigno de amor, é melhor eu me conformar com aquilo que tenho, é melhor eu não arriscar."

Todavia, o paradoxo é que, até desistir de tudo o que nos parece seguro, não poderemos nunca confiar realmente num amigo, num namorado, ou num trabalho que nos ofereça algo. A verdadeira segurança pessoal não vem de fora, mas de dentro. Quando estamos realmente seguros, temos de colocar toda a nossa confiança em nós mesmos.

Recusando-nos a correr riscos para crescer, ficaremos inevitavelmente enredados em nossa situação ou acabaremos nos arriscando sem estar preparados para tal. De qualquer modo, impomos limites ao nosso crescimento pessoal e nos tornamos incapazes de agir em prol do amor-próprio.

Estamos falando aqui principalmente do risco de ser você mesmo. Parece uma coisa tão simples... Ouvimos isso na infância: "Basta ser você mesmo!" Simples, à primeira vista, mas nenhum outro risco é tão assustador e traz tanta ansiedade.

As pessoas que têm medo de ser quem são enganam a si próprias para não descobrir o que é a vida. Passar pela vida fingindo ser quem não se é ou sentir o que realmente não se sente é ser mentiroso. É ser desonesto, falso, duvidoso. O prestígio real e o amor-próprio não se constroem com o fingimento. Se você não se arriscar a mudar no momento certo, provavelmente será forçado a mudar quando estiver menos preparado para isso. E as mudanças podem não ser as mais saudáveis.

Há um Momento para se Desistir das Velhas Maneiras de Ser e de Agir. O Momento é Diferente para Cada Pessoa. Não Existe um Momento Mágico em que o Risco é Menor. O Eu Interior de Cada Pessoa Conhece os "Melhores" Momentos.

Os riscos que temos de assumir para ter uma vida mais honesta são sempre mais difíceis no início. Tornam-se mais fáceis à medida que fazemos escolhas e mudamos. À proporção que vamos nos habituando ao risco, ele se torna uma possibilidade diária. A vida que criamos para nós mesmos adquire contornos ilimitados e começa a se parecer com um mundo cheio de possibilidades.

Para Aquele que se Arrisca, o Mundo se Torna Cheio de Possibilidades.

Os exercícios das páginas seguintes nos darão novas possibilidades, algumas arriscadas, mas que nos permitirão escolher, pois a mudança será cada vez mais fácil à medida que seguirmos as instruções.

Necessidades de segurança

Antes que possamos aumentar o nosso amor-próprio, é importante assegurar nossa subsistência diária e atender às nossas necessidades de segurança.

Precisamos estar seguros e confortáveis:

Fisicamente

Financeiramente

Há algumas necessidades básicas que são essenciais para a sobrevivência, e estas devem ser a nossa primeira prioridade.

Necessidades básicas:

- Sono – Todos, alguma vez, já ficamos privados de sono. Depois de um tempo, não conseguimos pensar claramente, ficamos esquecidos e irritados. Não podemos fazer nada pela nossa autoconfiança enquanto estivermos esgotados, atordoados e com pouca energia.
- Abrigo e Alimento – O ambiente que nos rodeia e o conforto físico são necessários para nos sentirmos seguros. Procurar tornar sua casa mais alegre, repousante e agradável é muito importante. Se a sua casa é um lugar muito agitado, você deve encontrar um espaço só para você e torná-lo o mais suave e agradável que puder. Volto a dizer: não se pode aumentar a autoestima enquanto se vive em um lugar agitado e cheio de gente.
- Segurança Financeira – Não estou falando de segurança financeira permanente. Eu falo é de se ter casa, comida e transporte. Essas são necessidades básicas que devem ser preenchidas antes que comecemos a procurar os meios para aumentar a auto-estima. Muitas mulheres perderam a auto-estima vivendo em situações onde se viam incapazes ou sem vontade de suprir as necessidades básicas de sobrevivência. É importante que cada pessoa saiba que pode contribuir

para sua própria sobrevivência e então tome decisões tendo isso em mente.

- Ordem – Em um mundo que às vezes é caótico, barulhento, agitado e aparentemente ameaçador, é essencial criar um ambiente de calma ao nosso redor. Precisamos fazer o que for preciso para aumentar a ordem, o conforto e a segurança do local em que vivemos. Nesse lugar de paz exterior, no nosso santuário pessoal, fica mais fácil encontrar a paz interior.
- Saúde – A saúde precária afeta todo o nosso ser – física, mental e espiritualmente. É difícil agir da melhor forma possível quando estamos com febre, com dores, abatidos. As infecções, a dor de dente, a dor crônica, as dores de cabeça e outras indisposições podem levar-nos muito rapidamente de volta à estaca zero.

Nem sempre podemos evitar a doença, mas podemos tomar medidas claras e decisivas para manter a saúde e prevenir a deterioração física e a decrepitude. Podemos fazer o que é preciso para manter a nossa saúde. Essa é uma parte importante da caminhada rumo a um amor-próprio mais elevado. Para ter saúde é preciso ter um peso adequado, uma alimentação saudável, não fumar e avaliar corretamente as substâncias químicas que alteram o humor (álcool e drogas legalizadas, abstinência de drogas usadas para alterar o comportamento).

As mudanças que preciso fazer

"Exemplo" Saudável

O QUE	QUANDO	COMO
1. Dieta	Agora	Vigilantes do Peso
2. Parar de fumar	Em duas semanas	Fazer tratamento
3. Exercício	Agora	Andar 2 km por dia
4. Drogas	Agora	Parar
5. Sono	Em um mês	Deixar o segundo emprego Terminar o curso Sem TV tarde da noite

"EU"

O QUE	QUANDO	COMO
1. Dieta		
2. Parar de fumar		
3. Exercício		
4. Drogas		
5. Sono		

MINHA CASA

O que eu gosto?	O que eu quero mudar?
1. Cores	1. Pintar o quarto com a minha cor favorita
2. Muita luz	2. Substituir cortinas por persianas
3. Boa música	3. Comprar um novo CD
4. Beleza	4. Comprar um maço de flores frescas toda semana

Além das necessidades básicas, todos nós temos necessidades afetivas. Embora algumas pessoas considerem o amor uma coisa supérflua, em certo sentido as necessidades de nível afetivo são tão básicas quanto qualquer outra necessidade.

Necessidades afetivas

Definições do Amor –

Sentimento de forte apego pessoal
Afeto
Apego

Cada um de nós, na condição de seres individualizados, busca resolver a separatividade ligando-se aos outros. No início, o "amor" é devotado aos pais. Mais tarde, estabelecemos ao longo da vida vários relacionamentos que preenchem essas necessidades de afeto. Quando não conseguimos atender a essas necessidades, surgem todos os tipos de complicações. A ausência de amor tem muitas conseqüências negativas, que vão desde a morte prematura até uma vida emocional e psicológica problemática e estagnada. A solidão mata.

Há muitas maneiras de suprir essas necessidades de afeto. Há outros níveis de afeto além do nível pessoal da amizade e do casamento. Algumas necessidades de afeto são satisfeitas por meio de grupos e de rituais.

Nos rituais, as pessoas encontram uma sensação de bem-estar por pertencer a uma igreja ou comunidade, um time ou uma certa classe. Cada um desses grupos é um lugar onde podemos compartilhar metas, idéias e esforços comuns. Pode haver um sentimento de que somos importantes e estamos ligados a algo maior.

Num nível mais interpessoal, existe uma variedade de amizades. O apego e o amor realizadores exigem o dar e receber atenção e afeto. Dando e recebendo, libera-se energia e ambas as pessoas se sentem vivas e ligadas. Não se trata de compartilhar objetos, mas de compartilhar a essência. Aquilo que você é está em relação com aquilo que o outro é. Ambas as pessoas são enriquecidas e nesse enriquecimento algo novo se cria. Isso se chama "amizade". São necessárias várias amizades significativas para que possamos atender à nossa necessidade de afeto.

São Necessárias Várias Amizades Significativas e Leais para que Possamos Atender à Nossa Necessidade de Afeto.

A minha sugestão

> ***SUGESTÃO:***
>
> *Deixar de lado agora todas as amizades que drenam a minha energia. Fazer uma nova amizade a cada mês.*
>
> *Repetir sempre que necessário*

As amizades "nutritivas" podem ser cultivadas pelo reconhecimento periódico de sua importância, como nestas cartas:

Exemplo de carta de amor a uma amiga...

Cara Barbara,

Esta carta de amizade e amor é muito especial para mim. Os dias vão passando e, cada vez que me lembro de você, fico feliz por você ser minha amiga. Eu me lembro do tempo em que estava nervosa no trabalho e precisava de alguém para conversar. Eu gostava de pedir ajuda a você. Sabia que você não iria me fazer nenhum sermão, nem me culpar. Eu podia contar com você para simplesmente me ouvir reclamar e esbravejar, e então você me lembrava de que também aquilo haveria de passar e que você se importava comigo e com os meus sentimentos.

Lembro-me também da noite em que fomos jantar naquele restaurante horroroso na cidade. Poderia ter sido uma noite horrível, mas conseguimos rir de tudo –

da comida, do garçom, de nós, do mundo. Acabou sendo uma noite revigorante, muito embora o restaurante fosse ruim demais. É tão bom ter uma amiga como você.

Eu poderia continuar, mas não é preciso. Só quero lembrar que eu gosto muito de você e que espero que nossa amizade fique cada vez mais forte.

Obrigada por ser minha amiga,

Outra carta a um filho...

Caro Bob,

Nesse seu vigésimo segundo aniversário, quero lembrar a você como tenho sido feliz esses anos todos por ser sua mãe. Lembro-me do dia em que você nasceu e minha vida nunca mais foi a mesma. Como nos saímos bem nos bons tempos e nos tempos ruins. Não é fácil ser jovem e não é fácil ser mãe. Acho que nós dois temos feito o melhor.

Lembro-me do seu abraço no Dia das Mães, do telefonema que recebi quando eu estava no hospital, de todos os presentes de Natal que você me deu, do seu sorriso quando eu faço biscoitos de chocolate e de como fico orgulhosa com as escolhas que você fez na vida.

Hoje, você é o meu amigo especial e eu lhe agradeço.

Com muito amor,

Faça uma lista agora...

Cartas que eu quero escrever

1.
2.
3.
4.
5.
6.
7.
8.
9.
10.

Um amigo verdadeiro

A amizade ocorre quando você quer promover a vida da outra pessoa e ela quer promover a sua. Ela envolve um risco, pois o ato de compartilhar deve ser honesto e mais profundo do que as simples cordialidades e comentários superficiais. Envolve o ato de voltar-se para dentro e compartilhar sentimentos, necessidades, desejos e temores.

A amizade é sempre um relacionamento de mão dupla, é dar e receber. Implica dedicar tempo e ter empatia para ouvir os sentimentos, necessidades, desejos e preocupações do amigo. Cada amigo aceita parte da responsabilidade pelo relacionamento e apóia o outro. A proximidade é a marca registrada da amizade.

Esse tipo de amizade sempre exige atenção e cuidado.

Esse tipo de amizade é *arriscado* porque os amigos têm de se revelar, de se abrir e mostrar para o outro a própria vulnerabilidade. Essa amizade faz exigências, mas também oferece grandes recompensas.

As recompensas da amizade são encontradas em praticamente todas as relações íntimas; e cada amigo de verdade, como cada relacionamento íntimo, contribui para elevar o nosso amor-próprio. Vamos ver agora mais de perto a relação que há entre o amor-próprio e a intimidade.

CAPÍTULO SEIS

Intimidade, Compromisso e Auto-Estima

A intimidade é um tópico muito discutido nos dias de hoje. Quando dou palestras sobre as formas de desenvolver o amor-próprio, a questão da intimidade sempre vem à tona – com muito mais freqüência, aliás, do que qualquer outro assunto. Os que buscam realçar o amor-próprio parecem reconhecer intuitivamente que a intimidade é essencial para o crescimento.

"O que é intimidade? Como reconhecê-la?"

"Como saber se estou pronto para ela? Como saber se posso lidar com um relacionamento verdadeiramente íntimo?"

"Como posso me preparar para isso? Posso aprender a ter mais intimidade, ou isso é um traço genético especial que você tem ou não tem?"

Essas e outras perguntas afloram sempre que este assunto está em pauta. Por essa razão, estou incluindo um parágrafo bastante longo sobre o que eu penso que seja a intimidade e como obtê-la. A descoberta da verdadeira intimidade é uma vantagem extraordinária. Ela mantém a auto-estima em níveis altos com bastante facilidade.

A Intimidade não é uma Questão de Oportunidade,
é uma Questão de Escolha.

A intimidade pode ocorrer entre amigos, entre membros da família, entre amantes. O segredo da intimidade é simples:

A intimidade é Acessível
a Qualquer um que Queira Lutar por Ela...

A mágica da intimidade e a opção pelo compromisso são desafios tanto para os jovens quanto para os mais velhos. São especialmente importantes quando a pessoa está tentando se recuperar da dependência química, da co-dependência, da síndrome da criança adulta e do sofrimento pessoal.

A intimidade é uma palavra mágica. Muitas pessoas anseiam por ela, alguns compõem canções sobre ela e os casais reclamam porque não a tem. Em vez de dar uma definição simples da intimidade, eu gostaria de relacionar algumas idéias sobre compromisso, recuperação e fidelidade, e chegar aos poucos a um entendimento do que seja a intimidade.

A intimidade intermitente

Quaisquer que sejam os componentes da magia da intimidade, todos já passamos por períodos intermitentes da mesma:

a) As esperanças e sonhos compartilhados quando nasce um bebê e enquanto uma criança cresce.
b) Duas pessoas rezando ou meditando juntas.
c) Sentir-se verdadeiramente compreendido por alguém quando um olhar ou um sorriso conta toda a história.
d) Estar perto, no calor dos braços um do outro, depois de fazer amor.
e) Observar o desempenho de uma criança (esportes, dança, arte).
f) Sentir intimidade com um poder mais elevado (por meio da natureza, do pôr-do-sol, de montanhas majestosas, das ondas se quebrando na praia).
g) Lembranças de férias (certas iguarias, canções, tradições).
h) Celebrações em família.

A intimidade é conseqüência de um estilo de vida, uma forma de se relacionar com a vida. São necessários muitos fatores e habilidades para se aprender a sentir intimidade.

A fidelidade

O primeiro e maior componente da intimidade é a compreensão da fidelidade. A fidelidade, de acordo com o dicionário Webster, quer dizer:

Cuidadosa observação do dever
Cumprimento de obrigações
Lealdade

O que muitas pessoas não conseguem perceber é que, espiritualmente, temos de ser fiéis, antes de mais nada, a nós mesmos. A fidelidade é a consciência que se tem da própria integridade. Uma das necessidades humanas básicas é ter em conta e acalentar o próprio potencial de sobrevivência, crescimento e entusiasmo, colocando-nos em situações e relacionando-nos com pessoas que façam com que isso seja possível. Todos sabem que o início do processo de recuperação gira em torno de sobreviver e retomar o contato com a pessoa interior que foi perdida ou sedada. Alcoólicos, co-dependentes e crianças adultas voltam a reconhecer a criança interior cuja capacidade sentimental morreu na infância, na medida em que os sentimentos e a inocência foram perdidos e abandonados.

Quer a integridade ou fidelidade ao eu tenha sido desenvolvida ou perdida na infância e agora esteja sendo recuperada, a pessoa tem um conjunto de valores que ninguém pode invalidar nem impor. *A integridade pessoal vem da integração das experiências de vida com o nosso sistema de crenças.* Há uma diferença entre a definição social de fidelidade e a integridade que a pessoa desenvolve para afirmar-se e colocar-se em posição de contribuir com algo ou alguém. Não podemos dar aquilo que não temos. Se não temos a nós mesmos, não podemos nos dar bem em nenhum relacionamento.

A capacidade de ser "íntimo" exige um conjunto de valores que estejam de acordo com o nosso comportamento. Precisamos saber como ser, para nós mesmos, "pessoas confiáveis", antes que possamos nos dar sinceramente a outra pessoa.

É importante compreender o processo de recuperação nesta época em que os relacionamentos, os compromissos e os estilos de vida mudam constantemente. Eis uma pequena fábula que espelha algo da realidade em que vivemos:

> *"Os Jones se reuniram para comemorar o aniversário de Júnior. Lá estão o papai e sua segunda mulher, a mamãe e seu segundo marido, os dois meio-irmãos de Júnior, do primeiro casamento do pai, suas seis irmãs das uniões anteriores da mãe, um bisavô de cem anos, todos os seis 'avós' de Júnior, diversas tias, tios e primas por afinidade. Enquanto um robô rasga os pacotes de presentes e outro sopra as velas, Júnior formula um desejo... ele gostaria que os relacionamentos fossem mais simples."*

O relacionamento entre as pessoas está se tornando cada vez mais complicado. Cada vez é mais essencial encarar algumas das realidades que existem na nossa vida e na vida daqueles que amamos e daqueles com quem trabalhamos. *Parece que os problemas de relacionamento já não podem ser facilmente resolvidos com métodos simples e tradicionais.*

Contudo, não importa que ainda venham a ocorrer mudanças tecnológicas e nas relações humanas. A necessidade humana de amor, de afeto e de intimidade provavelmente vai assegurar que as relações sobrevivam. O casamento e as relações amorosas podem vir a ter outro aspecto exterior, em tempos futuros. Veremos famílias de pais solteiros, famílias de raças diferentes, famílias por afinidade, famílias de homossexuais e famílias comunitárias. Entretanto, é muito possível que as relações do futuro sejam mais fortes, mais estáveis e menos frágeis do que as de hoje se enfrentarmos e falarmos sobre os problemas que surgem na relação.

Um número cada vez menor de pessoas está disposto a "conformar-se" com relacionamentos afetivos e amizades insatisfatórias. Vamos ver em que consiste uma relação amorosa ou uma união afetiva: *"Trata-se de uma escolha feita por duas pessoas que assumem compromisso, uma com a outra, de compartilhar um estilo de vida significativo. Esse compromisso básico inclui um componente sexual."*

Assim, o relacionamento ou união é construído tendo como base a fidelidade – primeiro para consigo mesmo, e só depois um compromisso com o outro. Esse compromisso inclui o interesse e o apoio mútuo, os mesmos objetivos de vida e planos de como realizá-los. Para qualificar-se para esse tipo de relacionamento, cada pessoa deve ter desenvolvido seu amor-próprio o bastante para ter coragem, vontade e capacidade de se dar totalmente à outra pessoa.

COMO REFORMULAR OS RELACIONAMENTOS

O co-dependente, o alcoólico e a criança adulta são pessoas que perderam totalmente a noção do que seja compartilhar a si próprio com um amigo ou parceiro. Eis o que precisa ser compartilhado:

... Emoções e sentimentos espontâneos (Fomos ensinados a reprimir os sentimentos e a não expressá-los)
... Pensamentos claros (As velhas regras, deveres, idéias e expectativas nos confundem)
... Saúde física (Alimentos, cigarros, açúcar, trabalho em excesso são meios pelos quais as pessoas tentam anestesiar seu sofrimento)
... Abertura sexual (A tentativa de controlar o outro e a falta de confiança impedem o completo entendimento no nível sexual)
... Anseios espirituais (A luta diária pela sobrevivência consome o tempo, a energia e a confiança que os parceiros deveriam dedicar a um poder maior)

Para muitos alcoólicos, co-dependentes e crianças adultas, os primeiros relacionamentos e casamentos se formaram numa época em que seu eu interior não estava desenvolvido ou consciente o bastante para assumir um compromisso total. A pessoa, *às vezes, desperta para a consciência durante o processo de recuperação do relacionamento e se vê ligada a outra pessoa sem que nunca tenha feito uma "escolha" saudável e clara.* Quando isso acontece, é possível que ela esteja vivendo em uma das três situações seguintes:

1. Um Relacionamento Conflituoso

O conflito é um velho conhecido daqueles que vêm de um lar infeliz. Brigas, frieza e sarcasmo são coisas normais. Depois de algum tempo, a pessoa não vê problema na discussão e na dor emocional. As brigas se tornam um componente aceitável do relacionamento e os membros da família acabam encarando todos os seus relacionamentos por esse ponto de vista.

2. Um Relacionamento Desgastado

Para essas pessoas, os primeiros dias foram cheios de paixão e arrebatamento. No entanto, com o passar do tempo, elas deixaram que questões externas se imiscuíssem na proximidade do casal. Aparentemente, eles se dão bem. Passam a maior parte do tempo dedicando-se aos filhos, aos netos, ao trabalho, aos amigos ou à comunidade. Entre quatro paredes, na privacidade do lar ou do quarto, a paixão e a proximidade desaparecem. O tédio e o ressentimento tomam conta da vida.

3. Um Relacionamento de Conveniência

É muito parecido com o relacionamento desgastado. As crianças adultas e os co-dependentes estão acostumados a "conformar-se" com tudo, e essa relação provavelmente sempre foi isenta de paixão. Os parceiros optaram por "conformar-se" com o companheirismo, em vez da paixão ou do ato íntimo de compartilhar. É uma relação de comodidade de interesses profissionais, passatempos, esportes, amor pelos filhos, etc. A dinâmica entre os parceiros é sobretudo platônica. O que cada um desses parceiros deseja ardentemente é:

4. Um Relacionamento Íntimo

O relacionamento íntimo é cheio de vida. Os parceiros compartilham tanto o aspecto interior quanto o aspecto exterior da vida. Cada pessoa desenvolve o seu eu, e então oferece o seu próprio desenvolvimento e realização ao outro. A relação é preenchida com alta dose de energia e ambos têm muito a dar um ao outro. Tensões e problemas são resolvidos à medida que acontecem, pois os parceiros não querem ter conflitos mal-resolvidos entre eles. Os casais e famílias não hesitam em gastar tempo, energia e dinheiro para resolver o conflito e manter a proximidade, pois o relacionamento é considerado mais importante para eles. Nos momentos em que está junto, o casal sente segurança, aconchego e excitação.

Muitos relacionamentos que se formaram enquanto um dos parceiros era dominado pelo vício ou pela co-dependência apresentam problemas que tiveram início antes do casal se unir ou se casar. Esses problemas específicos incluem:

- Falta de confiança nos outros.
- Dificuldade para ser honesto
- Medo da raiva
- Falta de uma "linguagem dos sentimentos"

Essas questões, transferidas para o relacionamento e então exacerbadas, podem provocar um "divórcio espiritual" entre os parceiros muito antes que se admita ou se encare a possibilidade de um divórcio real.

DIVÓRCIO ESPIRITUAL

O divórcio espiritual tem as seguintes características:

1. Tristeza habitual do casal – pouca energia...
2. Sentimentos mútuos de aborrecimento e de vazio...
3. Indiferença aos problemas e sonhos do outro...
4. Freqüente frieza ou abstenção de encontros sexuais...
5. Falta de pequenas cortesias e delicadezas...
6. Clima de desconfiança mútua...
7. Tendência para confiar mais em outras pessoas do que no parceiro...
8. Comunicação rotineira e superficial entre o casal...
9. Freqüentes sentimentos de solidão e incompreensão...
10. Insultos, sarcasmo e um sentimento de mal-estar perante a raiva saudável...
11. Tendência para se evitar confrontos...
12. Vida social ou profissional sempre atribulada e caótica...
13. Perda da capacidade de brincar e de se alegrar...
14. Uma atmosfera carregada em casa...

Ao reformular o relacionamento, deparamos com sérias opções que fizemos com relação a ele. Eis duas dessas opções:

1. Voltar a Assumir um Compromisso Completo com o Outro

Nesse caso, ambos os parceiros começam a avaliar seriamente a qualidade do relacionamento e tomam a decisão de assumir um novo compromisso com o outro e de fazer todas as mudanças e escolhas necessárias para ficarem juntos. Às vezes, é preciso uma ajuda externa qualificada. Membros da família e amigos íntimos (mesmo sendo profissionais de aconselhamento) não são bons auxiliares nessa questão.

2. Pleno Compromisso com a Reformulação Pessoal

Às vezes, as pessoas decidem que precisam refletir sobre si mesmas antes de assumirem um novo compromisso com o parceiro ou com outra pessoa. Nesse caso, precisam enfrentar todas as conseqüências dessa decisão, o que também pode exigir ajuda profissional.

CAPÍTULO SETE

Diretrizes para Desenvolver a Intimidade do Casal

Se vocês tomaram a decisão de melhorar a qualidade da relação, convém seguir essas diretrizes para desenvolver a intimidade. Elas parecem simples, mas nem sempre é fácil dedicar tempo e energia para segui-las.

1. *Reservem um tempo diariamente para ouvir o que ambos têm a dizer...* Um estudo relata que os parceiros em geral passam apenas nove minutos por dia conver-

sando. É preciso que eles conversem normalmente, sem o barulho da televisão ou do rádio e sem gritar de um cômodo para o outro.

2. *Atenham-se a uma questão até resolvê-la e, então, considerem-na encerrada...* Quando os mesmos problemas sempre voltam a aparecer, a confiança diminui e novos problemas são criados. A cada vez que a mesma questão é levantada, somam-se a ela os sentimentos decorrentes da não-resolução. Freqüentemente, são as velhas questões e não os novos problemas que destroem a confiança e o amor entre os casais.
3. *Procurem perceber os sentimentos que estão por trás dos problemas...* As discussões são lutas pelo poder. Quando se discute por causa de parentes, sexo, dinheiro e filhos, há sempre dois lados que se defrontam, o que dá origem a discussões intermináveis. Os sentimentos são reais e tendem a ajudar o casal a se compreender. Com a compreensão, é possível que os parceiros se perdoem e mudem seu comportamento. Finalmente, com a mudança de comportamento, inicia-se a cura.
4. *Abandonem o hábito de não falar dos problemas.* Se algo os aborrece, falem a respeito disso. É desonesto fazer insinuações e esperar que a outra pessoa consiga ler a nossa mente.
5. *Estabeleçam limites para os filhos, os parentes e os amigos...* Procure deixar claro até que ponto você concorda em discutir com eles assuntos relacionados com o seu relacionamento amoroso. A maior parte dos assuntos de um casal é particular e não deve ser discutida com mais ninguém. Esse é um grande obs-

táculo à intimidade, e muito freqüente, pois as famílias com casos de dependência química em geral não têm nenhuma idéia do que sejam limites saudáveis. A intromissão da família ou dos amigos nos assuntos do casal pode solapar o relacionamento entre duas pessoas, quaisquer que sejam, e diminui a confiança em muitas situações.

6. *Tomem a decisão de estabelecer e cultivar ligações normais, naturais e saudáveis...* Para a pessoa que vem de uma família de alcoólicos, o *stress*, as crises e as brigas são algo corriqueiro. Em uma relação mais íntima e equilibrada, haverá ocasiões de aparente tédio. Nem altos nem baixos – simplesmente uma nova experiência de tranqüilidade. Perseverem nisso. As recompensas serão diferentes, mas começarão a acontecer. Em vez de altos e baixos, afobações e desesperos, sentimentos sutis e incomuns se desenvolverão, tais como a sensação de pertencer a alguém, de bem-estar, de paz interior e calma. No começo, a pessoa tem dificuldade para reconhecer esses sentimentos, que podem ser confundidos com tédio, apatia ou vazio. Apreciar a tranqüilidade, o bem-estar e a paz interior é algo que leva tempo.
7. *Algumas formas de promover e manter uma atmosfera de amor em casa:*
   a) Escrevam mensagens, cartões e bilhetes expressando seu amor. Afixem-nos nos espelhos, coloquem-nos na gaveta do guarda-roupa e enviem-nos um ao outro pelo correio. Eu chamo isso de "correio mágico".
   b) Toquem-se com freqüência, não com uma cono-

tação sexual, apenas com carinho. É uma forma de fazer com que ambos saibam que são importantes um para o outro e prestam atenção um no outro.

c) Procurem nunca brigar ou discutir durante as refeições. Nos relacionamentos saudáveis, segundo nos dizem as pesquisas, as refeições comuns são um dos momentos mais esperados.

d) Reservem um tempo especial para passarem juntos cada dia, semana, mês ou ano. Durante esse tempo, esqueçam o relógio. Não programem atividades específicas nem convidem ninguém. Pode ser um cinema, um jantar, uma caminhada, uma pequena viagem, etc. Eis um bom parâmetro de tempo:

   Uma hora por dia.
   Um dia por semana.
   Um fim de semana por mês.
   Uma semana a cada seis meses.

8. *Escolham muitas maneiras de se divertir.* Façam do seu lar um parque de diversões, e não um campo de batalha! Dar muita risada e ser tolo às vezes é um excelente remédio!

9. *Aprendam a ter discussões construtivas e leais freqüentemente.* Aprendam a purificar o ar das tensões e desacordos, quando eles acontecem. Discutam as desavenças na frente de pessoas de confiança e peçam-lhes uma opinião. Expressem seus sentimentos. Os ressentimentos e fugas sufocam a energia necessária para se cultivar a intimidade com o parceiro.

10. *É muito importante buscar um sentido para a vida fora do relacionamento ou da amizade.* Chamem-no de um poder maior, chamem-no de Deus ou do que vocês quiserem. Busquem a fonte; trilhar um "caminho comum" vai torná-los mais íntimos.

SEXO, INTIMIDADE E AMOR-PRÓPRIO

Talvez o maior mito relacionado com a intimidade seja o de que ela é principalmente sexual. A intimidade inclui a sexualidade e o sexo – mas a satisfação no sexo está diretamente relacionada ao grau de intimidade que precede o contato físico. Muito poucas pessoas vêm me dizer que o que querem nos relacionamentos é mais sexo. A maioria vem em busca de mais intimidade, mais atenção, mais coisas em comum. Quando aprendem mais sobre a intimidade, elas naturalmente passam a querer e a gostar mais do sexo.

A intimidade exige o completo desenvolvimento da sensualidade. Esse processo de desenvolvimento é estimulado ou retardado já na infância, e depois tem potencial de evolução ou retrocesso ao longo da vida. Nossos sentidos são, entre outros, a visão, a audição, o tato, os sentimentos e a intuição.

Quando passamos por uma reformulação pessoal, freqüentemente temos de voltar à infância e aprender pela primeira vez ou reaprender habilidades não-desenvolvidas ou perdidas. *O desenvolvimento da sensualidade* é necessário para a maioria das pessoas que estão se reformulando. Estar "ligado" à vida é uma forma de preparação para se estar "ligado" no aspecto da sensualidade e, por fim, no aspecto sexual.

Os dois principais problemas sexuais que se apresentam no processo de reformulação são a impotência sexual para os homens e a depressão, a apatia sexual e a anorgasmia para as mulheres.

A potência sexual está ligada à energia e ao poder pessoal. A anorgasmia e a impotência estão ligadas ao fato de a pessoa se sentir perplexa, dominada e com medo. Quando somos incapazes de nos impor diante de influências dominantes, sentimo-nos impotentes e apáticos. A depressão e a apatia ocorrem quando a pessoa sente que suas ações e desejos não importam – que ela não está em condições de influenciar os acontecimentos de sua vida. *A potência sexual, o orgasmo e o desejo aumentam para aqueles que se tornam capazes de cultivar a intimidade e têm poder sobre a própria vida.*

O erotismo pode aumentar, com o tempo. Um conhecimento mais profundo do parceiro leva a uma confiança maior. Quando vocês passam a se conhecer melhor, podem depurar a paixão. Uma grande intimidade pode resultar numa relação sexual perfeita. O amor compromissado extrai sua maravilha e seu mistério de um poço mais profundo que a paixão sexual.

Outra questão que freqüentemente vem à tona durante o processo de reformulação do relacionamento está associada à lealdade, ao ciúme e à monogamia. Algumas das idéias seguintes são minhas e algumas são de George Leonard, que escreveu muito bem sobre o assunto no livro *High Monogamy*.

Ele diz: "O amor comprometido entre duas pessoas de elevada auto-estima é tanto 'dar amor' como ser capaz de 'receber amor'." Quando essa dinâmica acontece, ambas as pessoas são transformadas. A monogamia é tão excitante quanto repleta de possibilidades. A excitação não vem da descoberta de diferentes parceiros, mas das novidades e diferenças de um parceiro que está sempre se desenvolvendo e mudando constantemente.

O dependente ou co-dependente químico que tomou a decisão espiritual de se voltar para um Poder Maior, e decidiu abandonar o vício, conhece tudo sobre a morte e o renascimento. Conhece também a energia e a liberdade adquiridas na entrega e no compromisso. Duas pessoas que seguem a mesma trilha enquanto indivíduos e depois se comprometem um com o outro num relacionamento passam para outro nível de energia e de excitação.

Esses relacionamentos, no entanto, não são fáceis de acontecer. Eles exigem parceiros que tenham, ambos, um "elevado nível de amor-próprio", e que querem trabalhar juntos e compartilhar a mesma visão da vida. Cada um exalta e apóia a si mesmo e ao outro.

Se apenas uma pessoa está numa fase de desenvolvimento, só ela entra em contato com a descoberta da sua própria beleza e potencial. Quanto mais descobrimos nossa beleza e importância, menos nos dispomos a desperdiçar o nosso potencial. Se a pessoa não está em uma relação plena e vital, "a tentação de 'pular a cerca' aumenta". Os dados nos mostram que a maior parte das pessoas que tem romances extraconjugais ou sexo sem compromisso acha que "precisa variar" e que merece ser compreendida e apreciada. Assim justificam suas "escapadas".

Na realidade, essas pessoas têm medo de fazer mudanças significativas que lhes garantam um apoio permanente. O romance está mais ligado a um tempo em que não se cuida de mudanças do que a um tempo em que o relacionamento do dia-a-dia se preocupa em se aperfeiçoar cada vez mais. Depois que a novidade erótica superficial se desvaneceu, depois que todas as histórias já foram contadas, depois que todas as fantasias sexuais já foram postas em prática, a aventura da transformação por meio do compromisso pode começar.

Mas é no exato momento do compromisso que muitos ficam com medo do trabalho que envolve o fato de um ter de cuidar do outro. Esse momento acaba sendo um tempo de aventuras, de envolvimento com outra pessoa, em vez ser um tempo de ver a si mesmo honestamente e de trabalhar pelo aumento da intimidade. Os romances passageiros — envolvimentos casuais — são sintomas de uma fuga ao compromisso, ao envolvimento e à verdadeira intimidade.

A verdadeira intimidade custa tanto quanto qualquer objeto precioso. O desenvolvimento de uma relação custa a inocência, as tramas, as ilusões e as certezas de quem nele se engaja.

A intimidade é resultado de ligações próximas. Há diferentes tipos de ligações entre as pessoas que optam por desenvolver estreitos relacionamentos de troca.

— Os laços de amizade podem se dar entre pai e filho, entre dois irmãos ou entre amigos. Os critérios para a intimidade se aplicam a todos os relacionamentos significativos. Aqueles que mantêm uma intimidade profunda dão grande importância ao ponto de vista, aos sentimentos, aos pensamentos e aos sonhos do outro. É freqüente ouvir dizer: "Me sinto muito mais próximo dos meus amigos do que da minha família." Isso se deve ao *nível de intimidade e de troca que eles arriscaram atingir.*

– A ligação e o compromisso com um parceiro são primordiais, porque à ligação entre duas pessoas soma-se a dimensão da dinâmica sexual monogâmica.

– A ligação e o compromisso com um poder maior são mais elevados. Ser verdadeiramente íntimo de alguém significa considerar essa pessoa importante e compartilhar seus sentimentos, pensamentos, desejos, medos e sonhos.

Ser íntimo é compartilhar prazer e sofrimento na segurança da confiança e da dedicação, e depois escolher experiências, ambientes, amizades e atitudes que aumentem a ligação com o eu, com o parceiro e com um poder mais elevado. A pessoa aprende a escolher cuidadosamente as pessoas que farão parte da sua vida, pessoas que:

1. Ofereçam o melhor apoio possível para o crescimento, as mudanças e a luta rumo ao seu próprio destino. Em resumo, a pessoa cria para si uma platéia que torce por ela.
2. Também é importante que as pessoas que você convida para sua vida tenham uma visão da vida que você respeita e admira. Assim também poderá fazer parte da platéia delas.

Alguns gostam de ter vários amigos para preencher suas necessidades de proximidade, outros querem um parceiro único na vida. Ambas as escolhas podem atender às nossas necessidades e ajudar-nos a descobrir o nosso destino. Íntimas são as pessoas que nos ajudam a descobrir nosso destino e que nos apóiam. Pode ser nosso parceiro ou nossos parentes, filhos ou amigos.

CARACTERÍSTICAS DOS RELACIONAMENTOS NOS QUAIS EXISTE INTIMIDADE

Algumas características da intimidade:

1. As pessoas íntimas lutam, riem, planejam, compartilham idéias e preenchem a relação com uma energia elevada. ("Companhias divertidas")
2. Ambas têm autoridade no relacionamento. Elas se revezam na liderança, uma de cada vez.
3. Elas aceitam a mudança e gostam dela. Sabem que a mudança e a realidade estão intimamente associadas; e que nada permanece igual.
4. É certo que as pessoas íntimas se comportam de forma coerente. É nisso que se fundamenta a confiança.
5. Elas têm amor-próprio suficiente para saber que merecem intimidade, cuidado e atenção, e não precisam fazer "malabarismos" para conquistar a atenção do outro.
6. Elas cultivam o senso de humor. Investem bastante dinheiro, energia e tempo para brincar juntos e, às vezes, para fazer coisas fora do comum.
7. Elas aprendem a pedir o que querem e precisam, e desistem de manipular e de se queixar.

8. Elas podem tornar-se crianças na frente do outro, sem ficarem constrangidas. Não passam nem um dia nem uma noite sem elogiar o outro.

A intimidade é uma experiência gloriosa.

CAPÍTULO OITO

As Necessidades Emocionais e o Amor-Próprio

Alguns relacionamentos precisam terminar

Embora a intimidade seja uma experiência gloriosa, nem todos os relacionamentos dão margem à intimidade. Como salientei antes, alguns relacionamentos são hostis ao crescimento, psicologicamente nocivos, física e emocionalmente destrutivos. Outros são relacionamentos-fantasmas, que existem tão-somente como uma presença habitual, vagamente sentida e vagamente percebida. Alguns relacionamentos são conflituosos, desgastados ou são simplesmente uma questão de conveniência.

Isso nos faz deparar com uma dura realidade, na qual nos despojamos da aparência convencional de forçada cordialidade e olhamos para o âmago do nosso relacionamento. Quando examinados bem de perto, alguns deles resistem bem. Eles são solidamente fundados nos esforços de ambas as partes. Muitos outros relacionamentos, entretanto, parecem instáveis, quase insubstanciais em sua essência.

Por exemplo, um bom número de alcoólicos, co-dependentes e crianças adultas iniciam relacionamentos por desespero ou inércia, sem pensar muito, sem fazer escolhas saudáveis. Buscam uma cura para a dor emocional em um relacionamento com outra pessoa, apenas para descobrir que eles mesmos não se curaram, mas lançaram-se numa situação pior que a anterior. A realidade desses relacionamentos é que um parceiro quer recuperar-se e assumir a responsabilidade por sua integridade pessoal, e o outro não quer.

Nesse ponto, temos de avaliar honestamente nossas amizades e relacionamentos mais importantes. Às vezes, duas pessoas podem optar por levar vidas separadas mesmo estando juntas, mas muitas vezes isso não funciona.

O psiquiatra David Viscott escreveu: "Em alguns relacionamentos, chega um tempo em que, por mais sincera que seja a tentativa de reconciliar as diferenças, por mais forte que seja o desejo de recriar uma parte do passado outrora partilhado, o esforço torna-se tão doloroso que é impossível sentir outra coisa, e o mundo, com toda a sua beleza, apenas vem aumentar o sofrimento, por oferecer um cruel contraste."

Uma verdade difícil de encarar: *Alguns relacionamentos precisam terminar.*

Um dos parceiros ou amigos muitas vezes fica irritado quando o outro resolve acreditar em si mesmo. Sheldon Kopp diz: "Essas pessoas normalmente dão a impressão hipernormal de estabilidade e afabilidade familiar ou conjugal." O que na realidade ocorre é que elas desenvolveram uma elaborada trama de comentários, insinuações e punições sutis para advertir o outro contra a espontaneidade ou a mudança, porque nesse caso o precário equilíbrio do relacionamento se desfaria e a hipocrisia da pseudo-estabilidade supercontrolada se tornaria evidente.

Em casais ou famílias nas quais a estabilidade e o *status quo* mascaram a dor contínua que de fato existe, o esforço que a pessoa faz para se recuperar é no sentido de manter o "mito do relacionamento ou da família". O empenho que a pessoa faz para se recuperar será visto como egoísta, ultrajante, injusto e até maligno. Nesses relacionamentos ou famílias, a pessoa só obterá alívio por meio da comida (distúrbios da alimentação, especialmente excesso de peso), a volta às substâncias químicas, o tabagismo, o abuso de remédios, a crítica, o sarcasmo, o desinteresse ou as escapadas sexuais.

Se ambos os parceiros não querem dedicar tempo para melhorar o relacionamento, terão de reconhecer que não se pode caminhar em duas direções ao mesmo tempo e que o *stress* daí recorrente provoca complicações. Percebemos o quanto somos amados e valorizados por meio da reação da nossa "platéia", enquanto caminhamos rumo ao crescimento. Se você precisa mudar um compromisso que assumiu, analise honestamente a situação. "*A verdadeira fidelidade está a serviço da energia da vida – não é uma devoção aos primeiros compromissos ou a um estilo de vida. A pessoa fiel ao espiritualismo sabe que ser fiel até a morte não equivale a permanecer numa dada situação até a morte biológica; é permanecer nela enquanto não há riscos de morte espiritual. A pessoa fiel não é a que mantém os primeiros compromissos, mas a que permanece comprometida com a energia da vida a todo custo. Encare o que você tem de encarar. Eis a verdadeira realidade e fidelidade.*"

Leo Buscaglia nos mostra a força de um bom relacionamento no seu livro *Loving Each Other*:

> A exata medida de um bom relacionamento é o quanto ele encoraja o máximo crescimento intelectual, emocional e espiritual. Portanto, se um relacionamento se torna destrutivo, se coloca em risco nossa dignidade humana, se nos impede de crescer, se nos deprime e nos desmoraliza continuamente – quando já fizemos tudo o que está ao nosso alcance para impedir esse fracasso – então, a menos que sejamos masoquistas e gostemos da tristeza, teremos de terminá-lo. Nós não somos bons para todos, e nem todos são bons para nós. Eis a questão: "Se não podemos estar com o outro, podemos pelo menos não magoá-lo? Podemos, pelo menos, encontrar uma maneira de coexistir?"

AGORA É POR SUA CONTA

A colunista e conselheira Ann Landers dá este aviso para os que estão pensando em se divorciar: Decida se você ficará melhor com ou sem parceiro; então vá em frente.

Tudo bem, você já fez isso. E agora?

A separação é uma realidade dolorosa que muitos têm de encarar. Há duas reações que tendem a ocorrer depois de uma separação:

- O envolvimento imediato com outra pessoa — a famosa síndrome do reatamento, em que a pessoa geralmente se envolve em um relacionamento que reflete a história passada.
- A fuga ao risco de qualquer novo envolvimento — um retraimento para a cela fria da solidão e do isolamento emocional.

Mas há um terceiro caminho a escolher: Buscar um novo tipo de relacionamento. Tendo abandonado as tentativas de recriar um passado de fantasia e recusando-se a concordar com uma existência insípida e solitária, alguns começam então a entender a intimidade. Eles se sentem prontos para assumir alguns riscos e se abrir para um novo relacionamento.

Apresento agora idéias que indicam os sinais que se deve procurar em um novo parceiro ou amigo:

Os Relacionamentos nos quais Existe Intimidade são Criados por Pessoas que:

1. Vêem beleza nas outras pessoas. (Nós não encontramos pessoas perfeitas, nós escolhemos as pessoas e tentamos aperfeiçoar nossa capacidade de amar e de receber amor.)
2. São capazes de definir seus valores pessoais — conhecem aquilo em que acreditam.

3. São independentes em muitos aspectos de sua vida (financeiro, emocional, espiritual).
4. Sabem desenvolver a sua própria auto-estima e sabem dar, assim como receber.
5. Aprenderam a aceitar a realidade das coisas, em vez de sonhar com o modo como elas gostariam que fossem.
6. Aprenderam a perdoar e sabem que a vida é abastecida pela energia do que se perdoou no passado.
7. Aprenderam a apreciar o que elas mesmas têm a oferecer – se não amamos a nós mesmos, isso não é um belo pacote a dar como presente ao outro.

A intimidade não é uma questão de oportunidade, é uma questão de escolha, e é conquistada por aqueles que querem lutar por ela. Pela minha experiência pessoal, digo: isso vale a pena!!

Algum dia, depois que tivermos dominado o ar, os ventos, as marés e a gravidade, por Deus nós dominaremos as energias do amor. E então, pela segunda vez na história do mundo, o homem terá descoberto o fogo.

Teilhard de Chardin

O Sucesso é uma Caminhada, não um Destino...

Ben Sweetland

Todos nós queremos nos sentir bem com nós mesmos. Com muita freqüência, esse sentimento está ligado com as coisas que somos capazes de fazer. A ânsia por auto-estima

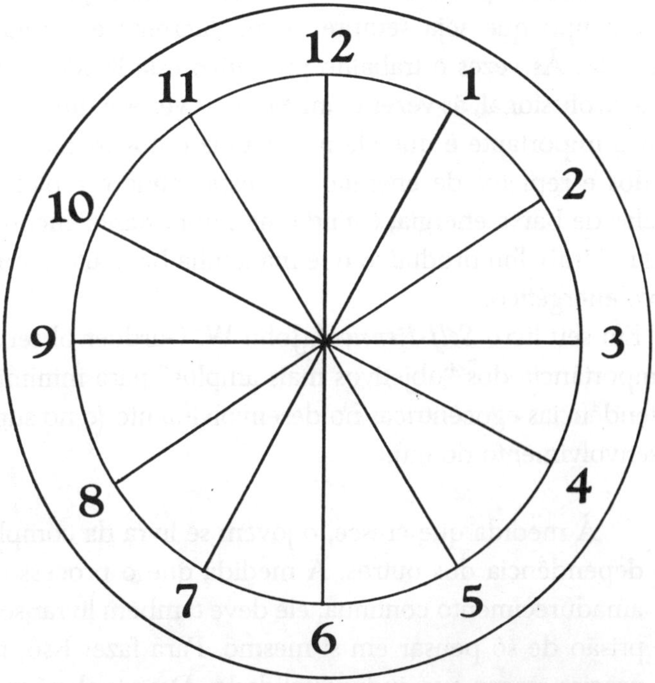

Pinte as horas nas quais você se dedica a um trabalho produtivo altamente energético de que gosta (profissão, passatempos, tarefas). Procure ocupar o maior número de horas por dia com coisas que são muito importantes para você. Se isso não é possível, qual é o próximo passo?

está ligada à sensação de estar dando uma grande contribuição à vida. Uma das formas de cultivar uma boa auto-estima consiste em desenvolver uma contribuição produtiva. Isso significa que ela deve preencher algo em nós, bem como no mundo. Podemos realizar grandes coisas em termos de produtos, dinheiro ou poder. Mas se simplesmente fizermos cada vez mais, poderemos até realizar muito, mas continuaremos vazios por dentro.

O trabalho produtivo de que estou falando precisa ser de um tipo que seja sempre novo, diferente e animador para nós. Às vezes o trabalho produtivo está ligado à atividade profissional, às vezes é um *hobby*, às vezes é um estudo. Mas o importante é que ele nos desafia e nos mantêm animados e repletos de energia. Se nossa rotina é repleta de tarefas de baixa energia, é ainda mais importante encontrar "outro" trabalho produtivo que mantenha bem alto o nosso fluxo energético.

Em seu livro *Self-Renewal*, John W. Gardner observou a importância dos "objetivos mais amplos" para minimizar as tendências egocêntricas no desenvolvimento (e no superdesenvolvimento do eu):

> À medida que cresce, o jovem se livra da completa dependência dos outros. À medida que o processo de amadurecimento continua, ele deve também livrar-se da prisão de só pensar em si mesmo. Para fazer isso, não precisa negar sua individualidade. Deve colocá-la ao serviço voluntário de objetivos maiores. Se alguma coisa o impedir, a autonomia individual se transformará em alienação ou egocentrismo.

Minha Criatividade

Onde	*O que eu gosto*	*O que eu quero mudar*
No trabalho		
Em casa		
Em nível pessoal		

OS RITUAIS E O AMOR-PRÓPRIO

Minha avó me deu um conselho maravilhoso que me trouxe muita felicidade ao longo dos anos. Ela disse que esperava que eu seguisse pelo menos metade dos rituais e costumes adquiridos em nossa família, e me desafiou a dar início a novos rituais que começassem comigo. Ao longo dos anos, me diverti muito com a tarefa de iniciar tradições e vi que elas tinham mais significado do que aquelas que eu havia seguido...

Férias

1. Escolher algumas datas diferentes em dezembro para celebrar o Natal e os laços de família, para que, no Natal e na véspera, todos os membros da família possam fazer suas próprias celebrações. Desse modo, muitas pessoas têm suas necessidades atendidas e todos os casais podem ficar juntos no Natal sem se preocupar com os pais, os sogros, os filhos e os netos. Há tempo bastante, durante o mês de dezembro, para a reunião em família e para as necessidades individuais.
2. Manhãs de domingo. Meu marido e eu escolhemos o domingo de manhã para passar um tempo juntos. Nós o comemoramos de várias maneiras. Contudo, o ritual consiste em fazer desse período um tempo só para nós. Sem telefonemas, sem *brunches* com os amigos, sem trabalho – só aquilo que ambos escolhemos fazer juntos.
3. Tempo de "sintonização". Esta é uma novidade. Tanto meu marido como eu levamos uma vida mui-

to ocupada. Descobrimos que, quando nos encontramos depois de um período afastados, há muitas vezes uma certa dose de tensão. Isso também acontece, de forma mais branda, no fim do dia. Então, temos agora um ritual que diz "pare": Sintonizar, focalizar o outro e se comunicar. Pode ser uma caminhada ou simplesmente sentar-se numa aconchegante sala de estar, mas nós passamos um tempo refazendo nossa ligação antes de colocar nela qualquer fator estressante.

4. Ligar uma vez por semana para um amigo... É fácil demais entrar na rotina e falar com as mesmas pessoas todos os dias. Uma quantidade incrível de energia de amizade é desperdiçada com o nosso descaso. Uma vez por semana, eu escolho um amigo (de perto ou de longe) e ligo para dizer "oi", saber como ele está e lhe dizer como eu estou. Leva pouquíssimo tempo (cinco a dez minutos) e a sensação gostosa causada por esse contato telefônico dura até a próxima chamada.
5. Cartas de aniversário... Nos aniversários de amigos especiais (que incluem filhos e pais), eu escrevo a eles uma carta afetuosa, fazendo-os saber o quanto significam para mim, e menciono como sua amizade foi importante para mim no ano que passou.

Necessidades emocionais

Todo dia, procuro tomar consciência daquilo que estou sentindo. À medida que minha consciência se aguçar, vou aprender a expressar meus sentimentos e prestar atenção aos sentimentos novos que ocorrem no momento da expressão. Vou usar a intuição nos momentos de tomar alguma decisão e para tomar conta de mim mesma. Meus sentimentos serão meu guia...

ANIMAÇÃO! ESPERANÇA **CURIOSIDADE**

CULPA **TRISTEZA** *ALEGRIA*

TOLICE **RAIVA** MÁGOA

Tomando conta das minhas emoções, vou pôr um ponto final em todas as velhas questões. Posso encerrá-las pessoalmente ou escrever uma carta, mas não deixarei nada por terminar...

Exemplos de Cartas para Assuntos Mal-Resolvidos:

Caro papai,

Eu queria ter lhe dito isto antes da sua morte. Sempre tive um pouco de medo de você. Agora que sou mais velha, vejo que, em parte, tratava-se apenas do medo de ser uma criança pequena, mas também se tratava de um medo muito real. Eu me lembro de algumas vezes em que você me bateu e doeu de verdade. Aquilo só me fez ficar com mais medo de você. Hoje eu sei que você estava tentando me ensinar, embora, naquele tempo, eu achasse que você não me amava.

Eu gostaria que pudéssemos ter tido boas conversas

antes que você morresse, mas não tivemos. Sempre senti vontade de falar com você sobre isso, e esta carta é o meu jeito de pôr um ponto final nessa questão. Sinto muito por não ter me aproximado mais de você e sinto por você não ter se aproximado de mim. Poderíamos ter trocado bons sentimentos. Hoje eu amo a mim mesma e não vou mais carregar esses ressentimentos comigo. Eu amei você e me amo também.

Até breve

* (Depois de escrever esta carta, jogue-a fora)

Querida Beth,

Parece que, mesmo sendo irmãs, nunca conversamos sobre coisas muito importantes. Só nos vemos nas férias e nas emergências de família. Talvez sempre seja assim. Às vezes eu gostaria que pudéssemos conviver mais e nos tornar amigas de verdade. Num outro momento, eu digo a mim mesma que a distância e a idade provavelmente farão com que isso nunca aconteça. Mas eu só queria que você soubesse que penso em você, que me preocupo com você e preciso de você de tempos em tempos. Se você compartilha dos mesmos sentimentos, eu gostaria de saber notícias suas. Se não, aceito as coisas do jeito que elas são e continuo tocando a vida.

Beijos e abraços,

* (Para ser enviada)

Pode haver outro tipo de carta: "Cartas que eu gostaria de escrever para esclarecer alguns assuntos para mim mesmo."

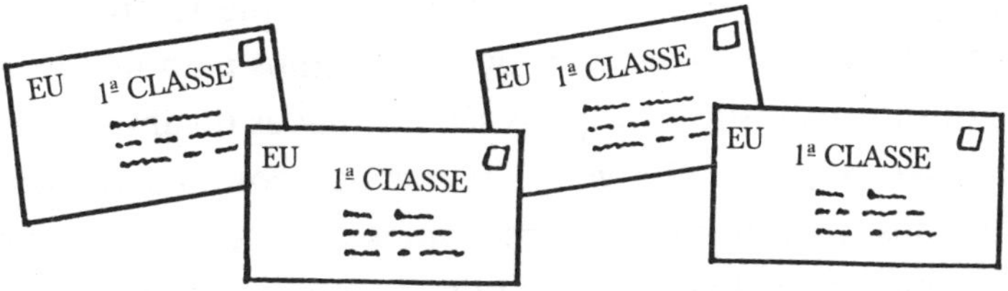

Quaisquer que sejam as cartas, é importante lembrar que as escrevemos para *nós*, e não para mandar ou controlar alguém.

Necessidade de estima

Falamos às vezes sobre auto-estima elevada ou não como se houvesse padrões razoavelmente precisos de amor-próprio com que pudéssemos medir a auto-estima até o último litro ou milímetro. É melhor dizer que a auto-estima cresce e diminui. Assim como as pessoas, às vezes, têm expectativas muito grandes com relação à felicidade, acreditando que ela deve ser um sentimento constante de êxtase, e que qualquer coisa abaixo disso é uma tremenda decepção, também existem pessoas que acreditam que o amor-próprio deve ser uma contínua experiência de pico. Qualquer hesitação, diminuição ou lapso momentâneo desse pico — qualquer sensação de descontentamento consigo mesmo, ainda que por um curto espaço de tempo — é tomado como sinal de fracasso, um motivo de alarme que confirma nossos mais obscuros temores — a idéia de que básica, fundamental e irrevogavelmente, nós "Não Somos Bons".

A mensagem deste livro é a de que somos básica e fundamentalmente Bons. Não perfeitos, mas bons. E, a cada dia, precisamos nos lembrar do melhor que fazemos por nós mesmos. As mensagens que nos damos para fortalecer nossas características próprias são chamadas de afirmações. Elas são o oposto das velhas regras que costumavam obstruir nosso amor-próprio. Precisamos alimentar a autoconfiança e o respeito que temos por nós mesmos, fazendo afirmações pelo menos dez vezes por dia. A primeira parte deste exercício consiste em fazer uma longa lista das coisas de que você mais gosta em si mesmo...

Exemplo:

Eu gosto dos meus olhos
Eu gosto do modo como acordo com energia
Eu gosto do meu talento musical
Eu gosto do fato de que sou amável com garçons e motoristas de táxi
Eu gosto do meu senso de humor
Eu gosto do meu corpo
Eu gosto da minha risada
Eu gosto do fato de que tenho amigos
Eu gosto da comida que faço
Eu gosto da minha independência
Eu gosto do modo como dirijo
Eu gosto da minha forma de lidar com o dinheiro
Eu gosto das minhas compras de Natal em setembro

Relacione todas as coisas de que você gosta em si mesmo e então transfira-as para fichas. Coloque dez afirmações em cada ficha. A cada semana, coloque uma ficha no espelho do banheiro e leia-a toda manhã e toda tarde. Mude as

fichas toda semana. À medida que você percebe mais coisas de que gosta em si mesmo, escreva novas fichas.

A Jornada

Aqui vou eu! Eu valho a pena. Estou me comprometendo a prestar muita atenção, durante um ano, na forma como trato a mim mesmo. A cada dia, escreverei uma mensagem sobre como me sinto comigo mesmo nesse dia. Farei o melhor possível para encontrar algo sobre mim mesmo de que gosto, a cada dia. No fim do ano, vou olhar para trás e não apenas descobrir que sou uma pessoa de valor, mas também serei capaz de sentir isso.

Quando os sentimentos me deprimem, tenho sentimentos de quarta categoria em matéria de baixa energia – também conhecidos como pouco amor-próprio.

Lembre-se destes indicadores de pouco amor-próprio:

1. Distúrbios alimentares (obesidade, anorexia, etc.)
2. Problemas de relacionamento (falta de intimidade, falta de confiança, casos extraconjugais).
3. Problemas físicos (doenças crônicas, impotência, anorgasmia).
4. Abuso de drogas e de álcool.
5. Compulsão por trabalho e atividade frenética.
6. Tabagismo.
7. Gastos excessivos (das compras compulsivas ao vício do jogo).
8. Dependência de "outras" pessoas (da família a gurus).

Finalmente, precisamos parar de fingir que existe uma forma mágica e fácil de aumentar a auto-estima. A súbita metamorfose de sapo em príncipe, ou de uma garota pobre em Cinderela, só acontece nos contos de fada.

Neste livro, coloquei toda a ênfase na importância de se chegar a um acordo com os traumas emocionais do passado; mas há algumas medidas que podemos tomar no presente para aumentar a probabilidade de reforçar nosso senso de amor-próprio.

Há Três Passos Gigantes a Dar
para Desenvolver o Amor-Próprio.

1. ***Eliminar a substância química ou o comportamento tóxico.***
2. ***Olhar para trás e fazer novas escolhas sobre velhas mensagens e sentimentos.***

3. *Desenvolver novos comportamentos e sentimentos que realcem o novo florescimento do amor-próprio.*

O Amor-Próprio é uma Escolha, não um Direito Inato.

Diário do amor-próprio

Dia 1
Dia 2
Dia 3
Dia 4
Dia 5
Dia 6
Dia 7

(Faça 51 cópias desta página e continue por 365 dias)

Bibliografia

Capítulo Um

The Hurried Child, David Elkind, Addison-Wesley, 1981.

Capítulo Dois

Choicemaking, Sharon Wegscheider-Cruse, Health Communications, 1985.

Another Chance: Hope and Health For the Alcoholic Family, Sharon Wegscheider, Science and Behavior Books, Palo Alto, 1981.

Capítulo Três

Of Course You're Angry, Gayle Rosellini e Mark Worden, Hazelden, 1985.

On Death and Dying, Elisabeth Kübler-Ross.

Capítulo Quatro

The Romance: A Story of Chemical Dependency, Joseph R. Cruse, M.D., Nurturing Networks.

Another Chance: Hope and Health For the Alcoholic Family, Sharon Wegscheider, Science and Behavior Books, Palo Alto, 1981.

Ver também artigo no *Self Magazine*, fevereiro, 1986: "Calm-Down Foods", Tom Gallagher. Esse artigo contém excertos de *Carbohydrate Craver's Diet*, de Judy J. Wurtman, pesquisadora no Massachusetts Institute of Technology.

Capítulo Sete

High Monogamy, George Leonard.

Capítulo Oito

Self-Renewal, John W. Gardner, Harper & Row, 1964.

Free to Be Faithful, Anthony Padajano.

COMO PASSAR SUA VIDA A LIMPO

Marisa Thame e *Kani Comstock*

Este é um livro escrito de uma forma simples e atraente que desperta em todos os que o lêem a vontade de pôr em prática toda a teoria, os conceitos e as técnicas nele apresentados.

Trata-se de um livro de soluções, sobre equilíbrio emocional, espiritual, intelectual e físico e, acima de tudo, sobre o amor. O ponto de partida é a abordagem da maneira pela qual chegamos a nos perder de nós mesmos para, logo a seguir, definir o caminho que nos leva de volta ao que realmente somos, descrevendo a jornada que propicia esse reencontro.

Cada passo dessa jornada tem sua lógica e é fundamental para a realização do todo. É um processo de crescimento que culmina na integração dos diferentes aspectos do indivíduo, embora esse processo, como a vasta possibilidade de evolução do ser humano, jamais tenha fim.

Como Passar sua Vida a Limpo obriga-o a refletir e a rever toda a sua vida através de uma nova perspectiva. Trata-se de um trabalho que há mais de um quarto de século vem beneficiando milhares de pessoas, cujo propósito é a redescoberta do amor e da paz em cada indivíduo, em suas famílias e, conseqüentemente, no mundo.

Para o leitor, este livro propõe uma drástica mudança na compreensão da sua própria história e oferece uma preciosa oportunidade de renascer para uma nova qualidade de vida.

CRESCENDO E EVOLUINDO COM ALEGRIA

Uma Nova Visão da Realidade

Gill Edwards

Crescendo e Evoluindo com Alegria é uma abordagem psicoespiritual à vida do dia-a-dia.

Recorrendo aos místicos, aos cientistas e às informações obtidas de pessoas sensitivas, ela oferece uma nova e surpreendente visão da realidade – uma visão que desafia nossas opiniões "sensatas" sobre o mundo e que podem transformar nossa vida.

Crescendo e Evoluindo com Alegria é uma introdução otimista e original às idéias, instrumentos e técnicas espirituais destinadas à evolução humana. De forma prática, por meio da auto-ajuda, o livro lhe mostrará como:

- redescobrir sua sabedoria e força interior;
- eliminar seus medos, bloqueios e limitações e desapegar-se do passado;
- crescer por meio do amor e da alegria;
- clarear sua visão pessoal e global;
- ouvir a "voz" do seu Eu Superior;
- transformar seus sonhos em realidade.

Gill Edwards é escritora, psicóloga clínica, terapeuta e facilitadora de seminários. Ela dá cursos nos quais ensina como crescer e evoluir com alegria. Gill Edwards também se dedica ao estudo da paranormalidade.

EDITORA CULTRIX

CRIANDO ABUNDÂNCIA

Como trazer realização e prosperidade para a sua vida

Andrew Ferguson

Se você quer ganhar um milhão, vá em frente. Este livro lhe dirá o que fazer para que isso aconteça. Mas Andrew Ferguson sugere que estamos em busca de algo muito mais importante do que o dinheiro: a abundância. A abundância é a chave para você se sentir maravilhosamente bem e realizado, independentemente do pouco ou do muito que você possa ter.

Criando Abundância questiona antigos conceitos a respeito do dinheiro e da sua finalidade, e nos ajuda a travar um novo e forte relacionamento com ele na nossa vida. O livro afirma que dinheiro e riqueza não são os principais critérios para a avaliação do sucesso e contesta o domínio que o dinheiro exerce sobre a sociedade ocidental.

Ele traz uma nova abordagem ao tema e sugere planos de ação práticos e gradativos para que você possa mudar imediatamente seus valores, crenças e prioridades, permitindo que a abundância (e o dinheiro que você precisa) passem a fazer parte da sua vida.

Criando Abundância o ajudará a sentir-se bem com relação a si mesmo, ao seu trabalho e à sua atitude diante do dinheiro; mudará o seu modo de pensar e o encorajará na sua jornada rumo à totalidade e ao sucesso pessoal.

* * *

Andrew Ferguson dirige *The Breakthrough Centre* de Londres. O centro é um ponto de reunião das pessoas que estão assumindo o comando da própria vida através do trabalho autônomo e do desenvolvimento pessoal.

EDITORA CULTRIX

A MAGIA DA AUTOTRANSFORMAÇÃO

Uma Nova Visão da Realidade

Gill Edwards

Vivemos numa época de mudança e de transformação intensas. É hora de questionarmos velhas premissas e abordagens e de despertar para uma nova visão da realidade.

Este livro apresenta uma abordagem prática de como lidar com as experiências do dia-a-dia de modo a curar divisões ancestrais entre espírito e matéria, entre céu e terra, entre masculino e feminino e entre individualidade e unidade.

Através de uma combinação eficaz de metafísica, xamanismo e psicologia, Gill Edwards mostra como:

- Criar sucesso em sua vida.
- Crescer através da alegria, e não através da luta.
- Harmonizar os seus três eus interiores.
- Entender o que o seu corpo está lhe dizendo.
- Desenvolver suas habilidades paranormais.
- Descobrir a missão da sua vida.
- Atingir o seu verdadeiro potencial.

Um livro indispensável para quem quer estar bem informado sobre a época em que vivemos.

GILL EDWARDS é escritora e psicóloga clínica. Autora de outro livro de sucesso – *Crescendo e Evoluindo com Alegria* – , dá cursos dentro e fora dos Estados Unidos. O grande número de pessoas que comparece às suas conferências é a prova mais concreta de que ela gosta do que ensina e vive o que apregoa.

EDITORA CULTRIX